セコム（株）IS研究所
舟生岳夫

大切な子どもの守り方

SOGO HOREI PUBLISHING CO., LTD

はじめに

愛するわが子を守るために、知ってほしいこと

「行ってきまーす」と、元気にあいさつして出かけて行く小さな背中。

あまりに日常的な風景であり、小さなわが子が自分のもとへ帰ってくるのが当たり前だと信じています。

しかし、それはもう当たり前の時代ではなくなってしまいました。

ここ最近、子どもが悲惨な犯罪に巻き込まれるニュースが毎日のように流れてきます。これは決して他人事《ひとごと》ではありません。あなたの子どもを狙う不審者はすぐそばに潜んでいるのです。

本書では、そんな小さな子どもを狙う恐ろしい犯罪からわが子を守るために、今あなたにできる具体的な対策をご紹介します。

防犯に関する知識と経験を身につけていただくことで、あなたは恐ろしい

犯罪からお子さんを守ることができるようになります。

世の中には防ぐ方法を知らなかったために起こってしまった、悲しい事件がたくさんあります。

防犯の第一歩は、犯罪の中身と犯罪者についてよく知ることなのです。

私は、セキュリティシステムや防犯・防災商品、サービスなどを通して「安全・安心」を提供しているセコム株式会社で、「子どもを狙う犯罪の情報と対策」を親御さんにお伝えする仕事に長年携わってきました。

学校やイベント会場などで行なう『セコム子ども安全教室』や、インターネットで最新の情報を提供する『子どもの安全ブログ』などを通して、小さな子どもを狙った犯罪をどう防げばいいのか、ということをお伝えしてきましたが、本書ではそれらをさらにくわしくまとめることができました。

本書で書いたことは、お子さんを守るために、あなたに知っていてほしいことばかりです。

最近の事件報道を見ると、どうにも理解しがたい犯罪も増えており、大人の社会のゆがみが子どもの健やかな成長をむしばんでいる現実に心が痛みます。

自分が子どものころを振り返ってみると、暗くなるまで外で遊ぶのが当たり前でした。

しかし近年は、「暗くなるまで子どもを外で遊ばせることなんて危なくてできない」という風潮になってきています。結果として家のなかでずっとゲームをして遊ばせているというご家庭も多いことでしょう。

しかし、子どもの健全な発育のためには、やはり外でのびのび遊ばせてやりたいもの。この矛盾は子育て家庭の共通の悩みです。

インターネットや携帯電話、ゲーム機などの進化にともない、現在の子どもたちは小さいうちから、大人の社会とは別の、子どもたちで閉じた世界を作り、親との距離が確実に広がりはじめています。

さらに、親との距離が広がった分、子どもの世界が別の大人の社会に向けて開いている危険性もあります。

この傾向はこれから先ますます進んでいきます。子どもが成長途上にある今、親が一歩踏み込む勇気を持たなければ、この流れを止めることはできません。

子どもは本来、大人が守ってあげるべき存在のはずです。

しかし、現代の社会のゆがみによって、子どもが大人のストレスのはけ口になっているという事実もあります。その刃は真っ先に弱者である子どもたちに向けられます。

どうしたら、子どもたちを危険から守り、健やかな成長を見守ってあげることができるのでしょうか。

もちろん、正しい答えは決してひとつだけではありません。地域の環境や、家庭の在り方、そして何よりも子どもの個性によって方法はさまざまです。

大切なことは、自分の子どもを守るために、まず親が危機意識をしっかりと持って現状を知り、そして何よりも子どものことをよく見て、聞いて、知ってあげることです。

これからそのポイントについて、この本を通して一緒に学んでいきましょう。そして「子どもは私が守る！」という強い意志を持って、お子さんにとって安全で希望に満ちた社会を作っていきましょう。

もくじ

大切な子どもの守り方

第1章　子どもを狙う犯罪から守るには

第2章 ネットの向こうから子どもが狙われる

第3章　子どもを守るためにできること

第4章　今後、子どもの社会はどう変わっていくのか

装丁　加藤愛子（オフィスキントン）
本文デザイン・イラスト　土屋和泉
組版・図表　横内俊彦
編集協力　有園智美（Simpledot）

第１章

子どもを狙う犯罪から守るには

子どもの被害がふたたび増加に

２００４年11月、奈良県で小学1年生の女の子が連れ去られ、殺害されるという痛ましい事件が発生しました。

この事件では、女の子の携帯電話を使って犯人から母親に女の子の画像つきのメールが送られたことが大きく報道され、世の中を震撼させました。

この女の子の携帯電話にはＧＰＳ機能がついていましたが、犯人がメールを送った後に電源を切るか、ＧＰＳ機能をオフにしていたため、位置の特定ができなくなっていました。

この事件では連れ去る際に犯人の車に女の子が乗り込む姿が目撃されていま

す。翌月、この携帯電話から犯人に送られたメールの着信記録をもとに犯人は逮捕されました。

この犯人は、被害者の女の子との面識はなく、「女の子なら誰でもよかった」と供述しています。

また、その1年後には広島、栃木で連続してやはり小学1年生の女の子が連れ去られ、殺害されるという事件が発生し、これらの一連の事件から、子どもの安全に関する危機感が急速に高まりました。

私が「子どもの安全をどうやって守るか」を緊急のテーマとして真剣に取り組みはじめたのはこの時期です。

それから約10年がたちました。この10年間、13歳未満の子どもの犯罪被害の件数はわずかずつながら減少の傾向を見せていたのですが、残念ながら２０１３年にふたたび増加に転じてしまいました。

そのうち、連れ去り被害の件数を見ると、やはり減少の傾向を示していたのですが、２０１２年にふたたび増加し、２０１４年には13歳未満の子どもの連れ去り被害の件数は約10年ぶりに100件を超えてしまいました。

この年は、2月に神奈川県相模原市で犬の散歩をしていた小学5年生の女の子がナイフで脅されて車で連れ去られるという事件が起きました。

7月には岡山県倉敷市で同様に5年生の女の子が車で連れ去られ、9月には千葉県八街市で中学1年生の女の子がやはり刃物で脅されて車で連れ去られています。

幸いなことにこの3件では子どもは無事に保護されたのですが、千葉の事件の2日後に起こった、神戸市長田区で小学1年生の女の子が連れ去られた事件では、雑木林のなかで遺体となって発見されるという最悪の結末を迎えてしまいました。

このように、今でも子どもが連れ去られる被害は後を絶ちません。

被害にあっているのは小学生から高校生の女の子が多いのですが、女の子だけが狙われるというわけではなく、小学校入学前の低年齢層では男の子も多く狙われています。

13歳未満の子どもの被害件数

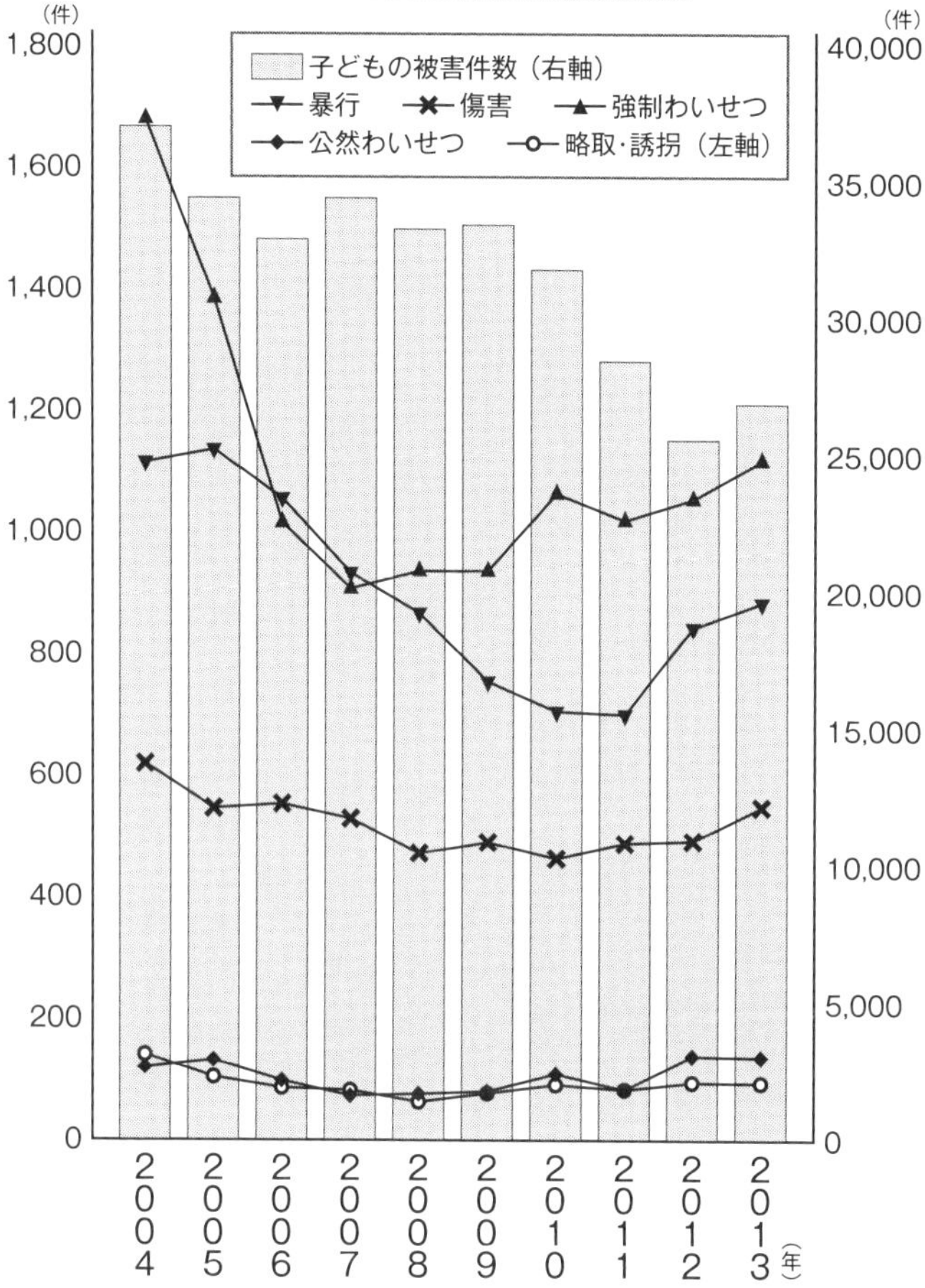

これまで、男の子の家庭では女の子のいる家庭にくらべて、連れ去りについてあまり心配していないことも多かったと思いますが、連れ去り事件の男女別の認知件数を見てみると、年齢が低いうちは男女に大きな差はなく、男の子がわいせつ目的で連れ去られるケースも増えているのです。

注意が必要なのは男女ともに変わりありません。

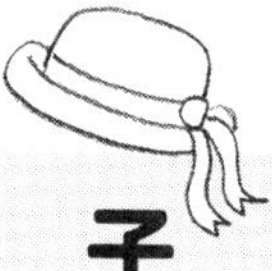

子どもを狙う目的

以前は、テレビなどで報道される誘拐事件というと、被害にあうのはお金持ちや有名人の子どもだというイメージがありました。

つまり、誘拐の目的といえば「身代金」と相場が決まっていたのです。

しかし、最近は身代金目的の誘拐事件を耳にすることはほとんどなくなりました。その代わり頻繁《ひんぱん》に報道されているのが、小さな子を狙った監禁やわいせつ、いたずら目的の連れ去り事件です。

この場合、被害者はお金持ちとは限りません。たまたま通りがかりで出会った子がかわいかったからとか、言うことを聞いてくれそうだから、などという理由で連れ去られ、監禁、殺害されてしまうケースもあります。

つまり、これまで「誘拐事件」というのはお金持ちなどの特別な子どもたちが狙われる犯罪であって、テレビや新聞で見るだけの自分には遠い出来事で、「うちは身代金なんて払えるわけないんだから、うちの子なんか狙われない」と思っていました。

しかし、前述したような目的の変化により、すべての子どもがターゲットになりうるということを知って「自分の子どもも狙われる可能性がある」という認識が広がり、急激に身近なものとなってきました。そのことが体感治安の低下を招き、子どもを外で遊ばせることさえ不安な世の中となってしまったのです。

さらに無差別型、自暴自棄型ともいわれる「誰でもよかった」「ストレスのはけ口に」という事件も多数起きています。動機が不可解な犯罪も多く、さらに、以前にはなかったネットを通した事件の数も急速に増えており、ターゲットと手口の急速な広がりに、さらに不安が高まっています。

不審者ってどんな人？

最初に、誰があなたの子どもを狙っているのか、ということをしっかりと認識することが大切です。

いわゆる「不審者」といわれるものですが、あなたは「不審者とはどんな人か」ということをお子さんにきちんと説明できますか？

市町村や警察に情報メールの登録をしておくと、毎日のように次のような不審者に関する情報が入ってきます。

声かけなど（○○年○月○日）

○月○日（日）、午後2時00分ころ、○○市○○町5丁目の公園内で、児童が遊んでいたところ、男に声をかけられました。
声かけの内容は、

「どこの小学校？　何年生？」

「スカートをはいていると危ないよ」

「壁にボールをぶつけられる場所知らない？」

（不審者の特徴については、20歳代、170センチくらい、黒色っぽいトレーナー、黒色っぽいズボン、メガネ）

公然わいせつ（○○年○月○日）

○月○日（火）、午後3時00分ころ、○○市○○○2丁目の路上で、公然わい

**せつ事件が発生しました。
（犯人（男）の特徴については、20歳代、180センチくらい、緑色っぽいジャンパー、黒色っぽいズボン、サンダル、徒歩）**

一般的には、「怪しい」「怖い」「気持ち悪い」などと感じられる人が不審者と呼ばれます。

しかし、具体的にどんな格好が不審者であるか、という決定的な決まりはありません。

たとえば奇抜な格好をしている人がひとりで住宅街を歩いていれば不審者と見られますが、10月31日のハロウィンナイトには、街中に奇抜な格好の人たちがあふれました。不審者として通報や逮捕は誰もされていませんが、普通の日であれば不審者だらけでした。

あえて「不審者」を定義するとすれば、「その場所、その状況、その時間などにおいて、ふさわしくない格好や行動をしている人」ということになりますが、それを子どもが判断するというのは非常にむずかしいことです。

ですから、子どもの「ちょっと様子が変だな」「不思議な格好だな」「何であんなことしているんだろう」などと感じる心がとても重要です。

日ごろから「いつもと違う状況」ということに気をくばり、見知らぬ人がいた場合は「なぜここにいるのか」「何をしようとしているのか」、見かけないものがあった場合は、「なぜここにあるのか」「何のためにここにあるのか」ということを意識して、警戒する（近づいたり、触ったりしようとしない）という習慣をつけるように教えてあげてください。

そのうえで、少しでも「おかしいな」と感じたらすぐに離れ、大人に知らせるということが大切です。

毎日の生活のなかで、その日あったことを子どもと話し、あやしい人に会った、おかしなものを見たなどという話が出たら、特によく注意して話を聞いてあげてください。

不審者はさまざまな
格好をしている

「知らない人」という言葉は要注意

ほとんどのご家庭で、「知らない人から物をもらっちゃだめ」「知らない人について行っちゃだめ」とお子さんに伝えていると思います。

でも「知らない人」という言葉には注意が必要です。

なぜなら、あなたの考える「知らない人」と、お子さんが思っている「知らない人」は違うかもしれないからです。

たとえば、いつも遊んでいる公園でよく見かける「犬を連れたおじさん」や、近所でよく見かける「優しそうなおばさん」などは、子どもにとっては「知らない人」ではなく、「知っている人」に分類されているかもしれません。

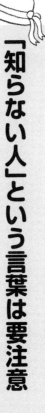

あるいは、クラスメートのお母さん（と名乗っている人）は、子どもにとっては「知っている人」になります。

ですから、ただ「知らない人」と言うだけではなく、「お母さんやお父さんがよく知らない人」などと具体的に話してあげる必要があります。

ただし、たとえ「知っている人」であっても、事前に親が了解していない人には絶対について行ってはいけない、ということもお子さんにかならず理解させるようにしましょう。

「知らない人」という言い方と同じように気をつけなければいけないのは、「怪しい人に気をつけなさい」という言い方です。

「怪しい」と感じるのは人それぞれです。前節の「不審者」と同じように、見た目に優しそうな人や、配達や工事業者の制服を着ている人、警察や警備員らしき人などは、子どもには「怪しい」とは認識されません。

しかし、誰がどんな意図を持っているか、見た目で判断することは不可能です。そのような制服などを、手に入れることはいくらでも可能です。

見た目に優しそうな人だったら安心していい、ということではありません。

とにかく「勝手な判断で人について行かない」ことを徹底させるように教えてあげてください。

こんな言葉で近づいてくる

子どもを狙う犯罪者は、一体どのように子どもへ声かけをしてくるのでしょうか？

さまざまな手口がありますが、大きく分けると次のようなパターンに分類されます。

助けを求めるふりをする

例１「駅までの道を教えて」

例2 「おなかが痛いから病院に連れて行って」

親としては、連れ去りは心配だけれども、困っている人に親切にすることは大切だ、ということを子どもに教えたいので、このような手口に対する対策は非常に悩ましいところです。

道をたずねられたとき、たとえば学校の場所を聞かれて「この道をまっすぐ行ったところです」とその場で方向を教えてあげる程度まではよいとしても、「よくわからないから一緒に来て」などと言われた場合には、きちんと断ることが必要です。

そもそも道をたずねるのに、ひとりで歩いている子どもに声をかけるというのは不自然ですよね。

断るときには、「いやです」「大人の人に聞いてください」などと、はっきりと「ついて行かない」と伝えることが大切です。

例2は子どもの手に負えないことを頼んできています。

この場合は自分でなんとかしようとせず、大人を呼びに行くという判断ができるように教えましょう。

子どもの好きなもので誘う

例1「最新のゲームがあるからうちに来ない？」

例2「かわいい子犬が産まれたから見に来ない？」

子どもの興味・関心の高いものでつる手口です。

携帯型ゲーム機は子どもたちの間で大流行していますが、「おじさんの家に行くと、もっと最新のゲームや手に入りづらいゲームがたくさんあるから一緒に遊ぼう」などという言葉にゲーム好きの子どもは飛びついてしまいます。

また、かわいい子犬や子猫なども、子どもは大好きです。

やはり「うちに子犬がいっぱいいるから見においで、気に入ったらあげるよ」

などと声をかけられると、子どもは見に行きたくなってしまいます。
この場合は、「勝手に人のうちに行っちゃいけない、って言われています」「家に帰って聞いてきます」などと、家庭で禁止されているということを伝えるようにしましょう。

緊急事態を装う

例1「お母さんが事故にあったから病院に連れて行ってあげる」

例2「先生が大急ぎで来なさいって言っているよ」

学校や家庭で日ごろから連れ去りに対する学習をしていて、どんなに頭では理解していても、いざ「お母さんが死んじゃうかもしれない」などと言われたら、子どもはパニックになってついて行ってしまうかもしれません。
特に車に乗せられる危険性が高い手口でもあります。

車に乗せられてしまうと、逃げることはむずかしくなります。無理やり乗せられそうになったら、大きな声を出して逃げましょう。

大人の世界に誘惑する

例1「君、かわいいね。モデルにならない？」

例2「タレントの○○さんに会わせてあげる」

ちょっと背伸びをしたい子どもたちの好奇心をくすぐる手口で声をかけてきます。

さらに「写真を撮らせて」「電話番号を教えて」などと言って、子どもに近づいてきます。

この場合も「いやです」「家でダメって言われています」など、はっきりと拒絶の意思を示すことを教えておきましょう。

いずれの場合も、事前に親と約束ができていないときには「絶対について行かない」ことを徹底して教えましょう。

「知らない人」だけではなく、「知っている人」でも同様です。

特に車から声をかけられたときは、「車には近づかず、絶対に乗らない」ことを約束しておきましょう。

通学路にある隠れた危険

2013年6月、東京都練馬区で、学校の正門前で下校しようとした小学1年生の男の子3名に対し、車から降りてきた男がいきなり刃物で切りつけるという事件が起きました。人通りも多く安心だと思われていた学校の正門前ということで、驚きが広がりました。

しかし、実は校門を出てすぐというのは、学校の管理区域である校内と、地域の管理区域である通学路をつなぐ地点であり、意外な空白地帯と呼べる場所なのです。

その場で実際に事を起こさなくても、正門近くで身をひそめ、出てくる子どもを観察し、ターゲットにしたら後をつけて人目のなくなった場所で犯行に及ぶということもあり得ます。

子どもが連れ去りなどの被害にあうことがもっとも多いのは、下校時や通塾時にあたる夕方の時間帯です。特にひとりで歩いている子どもがターゲットになりやすく、注意が必要です。

通学路は安全を考慮して決められているのだから、通学路を通っていれば大丈夫だろうと思われがちですが、その安心感を狙った犯罪者が多いのです。植栽《しょくさい》が伸びて見通しが悪くなったり、工事などで道がふさがって迂回《うかい》する必要が生じたり、建物がいつの間にか駐車場に変わっていたりなど、通学路の環境も日々変化していきます。

昼間の住宅街というのは意外に人目が少ないため、悪意を持った人間が子どもを狙いやすいということもあります。

通学路を下校途中の子どもがいきなり切りつけられたり、声をかけられて車に連れ込まれそうになったりするなどの事件も数多く発生しています。

通学路だからといって安心できないのは事実ですが、だからといって勝手な道を通ることは、もっと危険にさらされやすくなるので絶対にやめましょう。「決められたルートを通る」ということは、子どもの安全を守るうえで非常に重要なことです。

通学路なら、学校側としても防犯対策を立てやすいですし、万が一のことがあっても、目が届きやすいと言えます。

一方、通学路以外のルートを通ってしまうと、いざというときにどこにいるかわからずに発見が遅れ、対応に時間がかかることも考えられます。

近道だからという理由で、気まぐれに公園や駐車場を通り抜けたり、違う道を通ったりするのは、大変危険だということを言って聞かせましょう。日常生活の通り道はパターン化しておくことをおすすめします。

お子さんの通学路の「今」をあなた自身が確かめて、気になる場所があれば注意を促しましょう。

場合によっては学校に申し出て、通学路の変更を検討したほうがいい場合もあります。通学路の安全を守る当事者として、親も積極的にかかわることが大切です。

通学路に限った話ではなく、お子さんがよく遊びに行く場所やお友だちの家からの帰宅ルート、塾への往復のルートなども、事前に決めておくと安心です。迎えに行ったとき、行き違いになるのを防ぐこともできます。

塾などで帰宅が遅くなる場合には、連絡の方法やお迎えの待ち合わせの場所などについても配慮し、子どもが安心して通えるように対策を立てましょう。

集団下校でも油断しないで

「うちの小学校は集団下校だから大丈夫」とお考えの方もいるかもしれません。

しかし、たとえ集団下校でも、学校から離れるうちに、ひとり、またひとりと減っていって最後に家にたどり着くときにはひとりになります。

家が遠いお子さんや、集団下校ルートを離れてから距離があるお子さんは、ひとりきりになってしまう区間が長いかもしれません。

子どもの防犯の基本は「ひとりにならないこと」。

これは登下校だけではなく、すべてにあてはまることです。

ただ、小学1年生のうちは2人連れでもちょっと心もとなく思います。

2人一緒ということで逆に安心してしまい、「2人でおうちに遊びにおいで」と声をかけられ、ついて行ってしまった、という例もあります。

通学路を歩くことに慣れ、安全のためのルールをしっかり守れるようになるまでは、集団下校からの分岐点までお子さんを迎えに行くことも考えてください。

集団下校がない学校の場合も、お友だちと別れる場所まではやはりお迎えにいくほうがいいでしょう。

通学路に気になる場所（交通量が多い横断歩道や日中の人通りが少ない路地など）があれば、そこまで迎えに行ってもいいと思います。

たとえ短い区間でも油断は禁物です。

小学生の交通事故は、自宅付近で起きることが多いといわれます。放課後の解放感や「家まであとちょっと！」という気のゆるみが引き起こしていると考えられています。

特に日没後の黄昏時は、歩行者から車が見えにくく、ドライバーからも歩行者が見えにくくなります。そのため、お互いに気づくのが遅れ、事故につながることがあります。

これは犯罪についても同様です。連れ去り事件の多くは、自宅からわずかな距離の場所で起きています。

また、気のゆるみを見計らって声をかけてくる不審者がいないとも限りません。家につくまで注意が必要です。

見守ってくれる大人たち

子どもの事件などが連続して報道され、対策があまりにエスカレートした時期があり、見守りボランティアをしている人が下校中の子どもに「おかえりなさい」と声をかけたら、いきなり「たすけてー！」と言って逃げられたという、笑えない話があります。

登下校時間帯の見守りをしてくれている方たちは、子どもの安全を守るうえで大変重要な役割を担っています。

「知らない人と話してはいけない」という言葉に偏《かたよ》り過ぎてしまうと、このようなことが起きてしまいます。

子どもを守ってくれる人たちにあいさつをすることはとても大切なことです。ボランティアの人たちはおそろいのベストやジャンパーを着ていることもよくあります。できれば親子で一緒にあいさつをして、「この服を着ている人はあなたたちを見守ってくれている人だよ。ちゃんとあいさつしようね」と子どもに伝えてあげることも大切です。

お互いに顔を覚えて毎日あいさつをしていると、「あれ？　いつもこの時間に通るのに今日は来ないな」とか、「今日は元気がないな」などと気づいてもらえ、万が一のときにも早い対応ができる可能性もあります。

困ったときに助けてくれる人を周囲に多く持つことは、子どもの安全を守るうえで大変重要です。地域のイベントなどには積極的に参加し、知り合いを増やしておきましょう。

また自宅や学校の周囲を親子で歩き、交番やコンビニ、顔なじみのお店など、困ったときに助けてくれる場所を確認しておきましょう。

どんな子がターゲットになるか

特に女の子の場合、かわいらしい服を着せてあげたいという気持ちはよくわかりますし、かわいい服やアクセサリーを身につけると子どもも喜ぶということはあるでしょう。

ですが、ターゲットの子どもを探している犯罪者にとって「かわいい子」がどうしても目につきやすいことは事実です。

子どもだけになるような場合は、あまりに人目を引くようなかわいらしい格好をさせることには注意が必要です。

あまりにかわいい格好をさせていると狙われやすいだろうということは理解

しやすいのですが、逆にだらしない格好をしていても「警戒心がない」と見られて、ターゲットになりやすいということがあります。下着などが見えていると、それだけで変質者の気を引いてしまう可能性もあります。

歩き方についても、周囲に気をくばらずにゲームや本を見ながら歩いていたり、ふらふらとひとりで歩いていたりする子は注意が必要です。

大切なのは、きちんとしていること。

特に人目の少ないところを歩くときなどは、周囲に気をくばり、防犯ブザーを手に持つなどして警戒している様子を示すことが大切です。

夏など薄着の季節には性犯罪の心配も増えます。あまり露出の多い服装をさせるのは控えたほうがいいでしょう。

低学年の小さなお子さんに性犯罪について教えることはなかなかむずかしいものですが、きちんと教えておかないと、万が一、「わいせつ」にあたる出来事に遭遇しても、それと気づかない可能性があり、被害を拡大してしまう恐れもあります。

子どもにもわかりやすい言葉で伝えましょう。

「水着を着たときに隠れる体の場所は、他人に見せても、見せられても、触られてもダメだよ」と言うと、子どもがイメージしやすいと思います。それ以外の場所でも、知らない人から触られたり、触られそうになったりするようなことがあれば、すぐに逃げなくてはなりません。

わいせつ目的の不審者が発する「ちょっとおかしいぞ」という違和感を察知し、未然に被害を防ぐことが重要です。

少しでも「あの人ちょっと変だな」「なんかいやだな」と感じたら、すぐその場を離れ、大人のいる安全な場所に逃げるように教えてあげましょう。

持ち物に気をつかう

お年玉をもらったときや、新しいゲームを手に入れたときなど、子どもはついうれしくなって警戒心もゆるみ、これ見よがしに持ち歩きがちですが、これは大変危険です。

お金や持ち物の管理も親の役目です。必要以上のお金を持ち歩かせず、購入したものについても不用意に持ち歩かない、見せびらかさないように指導しましょう。

お子さんが身につけるものへ名前をつける際も注意が必要です。他人に安易に名前を知られてしまうことは大きなリスクがともないます。

子どもを狙う犯罪者は、目をつけた子をじっくり観察して、話しかけるきっかけを探しています。

路上で持ち物から名前を判別し、「○○ちゃん」と親しげに話しかけられた場合、子どもは知り合いだと勘違いして、警戒心が薄れてしまう可能性があるのです。

身につけるものについては、できるだけ裏側などの見えない部分に記名するようにしてください。

防犯ブザーをチェックしよう

防犯グッズは子どもを守ってくれるお守りではありません。ただ持っているだけではなく、きちんと使い方を理解し、練習と確認をくり返して、いざというときに使いこなせるようにしておくことで、はじめて有効な道具となります。

たとえば、あなたのお子さんは防犯ブザーを持っていますか？

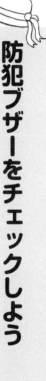

小学校入学を迎えたお子さんのいるご家庭で、最初に思い浮かぶ防犯グッズとして防犯ブザーがあります。

最近はランドセルを購入するとついていたり、学校や市区町村で配付されたりすることも多く、小学校低学年の子どものほとんどが防犯ブザーを持っていると思います。

防犯ブザーを持つうえで大切なのは、ただ身につけていることではなく、いざというときにすぐ使えることです。

防犯ブザーにも、さまざまな種類があります。音で知らせるものが一般的ですが、ライトがつくもの、ホイッスルつきのもの、かわいいキャラクターのもの、リストバンドタイプのものなど、選ぶのに困るほどです。

また、鳴らし方や止め方も、ピンを引く、ボタンを押すなどさまざまですが、実際にお子さんに触らせてみて、使いやすい防犯ブザーを選んでください。

防犯ブザーを選ぶポイントとしては、まず音が大きいことが重要です。安心のためには、１００デシベル以上の大音量タイプがおすすめです。

購入の際は、できればブザー音も確認して、耳に響きやすい防犯ブザーを選びましょう。

壊れにくいことも重要なポイントです。子どもが使うことに配慮して、丈夫に作られている防犯ブザーを選びましょう。

たとえば、強い防水、防滴機能がついたものを選ぶと、雨の日も安心です。選ぶ際の参考として、全国防犯協会連合会の推奨する優良防犯ブザーというものもあります。参考にしてください。

取りつける位置にも注意してください。いざというときにちゃんと手が届いて鳴らせるような適切な位置を確認しましょう。

取りつける位置としては、ランドセルの側面のフックまたは肩ベルトにしているお子さんが多いようですが、手を伸ばしやすい場所は体の大きさや体型にも左右されます。

防犯ブザーの取りつけ位置チェック項目

・左右どちらにつけたほうが手を伸ばしやすいか

・すぐにヒモ（ボタン）に手が届く高さはどこか
・ランドセルを背負うとき、邪魔にならないか
・ぶら下がったり、ズリ落ちたりせず、きちんと固定できているか
・ランドセルにつけるより鳴らしやすい場所はないか

今まで装着していた位置にこだわらず、いろいろな場所を試してみてください。

防犯ブザーは使いはじめてからも、定期的なチェックが必要です。ときどき鳴らして電池寿命を確認してください。

防犯ブザーを遊び道具にして鳴らし合って遊んでいる子どもを見たことがありますが、そういうことをしていると、いざというときに鳴らないことがありますので注意が必要です。

電池は使わなくても消耗していきます。なかには買ったときすでに電池が弱

っていて、すぐに鳴らなくなってしまうようなものもあります。

お子さんの使い方によっては、ランドセルとともに放り投げられたり、雨にぬれたりして壊れている場合もあります。休み明けには持ち物の点検とともに、防犯ブザーのチェックもしておくと安心です。毎月1日や18日（防犯の日）は、防犯ブザーチェックの日と決めてもいいですね。

育ち盛りのお子さんは大きくなって、以前つけていた位置では操作がしづらくなっているかもしれません。

音のチェックと同様に、実際にランドセルを背負って「今、この瞬間に防犯ブザーを使用するとしたら、どこが使いやすいか？」という基準で定期的にチェックしてみましょう。

GPS機器で助かった事例

防犯ブザーは大きな声を出せないときのために、大きな音を出して周囲の人に気づいてもらうための道具ですが、周囲に助けてくれる人がいないときには効果がありません。そのようなときはＧＰＳを利用した機器も有効です。

最近の子ども向け携帯電話にはＧＰＳ機能が備えられ、離れた親の携帯電話やパソコンから子どもが今いる場所を確認できる機器もあります。

ただ、学校では携帯電話の持ち込みや使用が禁止されているところも多く、また第2章でもくわしくご説明しますが、携帯電話にはインターネットにアクセスできるものもあり、そちらのリスクも考えていかないといけません。

その場合は防犯に特化したＧＰＳ機器が有効です。
たとえば、セコムにも子ども向けのＧＰＳ機器（ココセコム）がありますが、このような機器を持っていたおかげで助かった例もたくさんあります。

セコムのGPS機器（ココセコム）で助かった事例

午後4時23分
位置検索機能と現場急行サービスのついたGPS機器を子どもに持たせている家庭から、セコムに「GPS機器を持って通学している娘の行方がわからない」との連絡が入りました。
連絡を受けた担当者がすぐに位置を検索し、自宅から約3・8キロ離れたN駅付近にいることが確認され、現場急行が要請されました。

午後4時29分

お子さんが高速移動を開始。バスもしくは電車に乗ったと思われるため、現場急行をいったん中止し、位置確認を継続。

午後4時54分

M駅付近で停止したことを確認し、現場急行を再開。

午後5時09分

緊急対処員2名がM駅へ到着。

午後5時15分

お子さんがJRのK駅方面に歩行速度で移動中であることを確認。

午後5時30分

K駅前の店舗前でお子さんを無事発見し、ご家庭に連絡することができま

した。

このようにGPS機器をお子さんが持っていれば、異変を感じたときにすぐ対応できるようになります。

位置がわかるだけでなく、緊急事態を通報する機能がついている機器もありますので、道に迷って不安を感じたときや、危険を感じたときに自分から助けを求めることもできます。

お子さんに防犯グッズを持たせる場合には、そのグッズをどのような状況で使い、お子さんやご家族がどのような対応が取れるかを考えて、お子さんに合ったものを選んであげてください。

留守番で気をつけたいこと

子どもが襲われるのは、外ばかりではありません。家のなかにいるときも油断は禁物です。

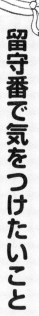

小学生になると、ひとりで留守番をさせる機会も出てくるかと思います。よく「何歳から留守番をさせてもいいですか?」ということを聞かれますが、何歳からならよいという基準はありません。小学校に上がる前から留守番の経験があり、慣れているというお子さんもいれば、小学校高学年になっても留守番の経験がなく、ひとりでは不安というお子さんもいます。

お子さんの対応能力を見極めて決める必要があります。その際にはきちんとルールを決め、何かあったときに迷わないようにしておくことが大切です。

たとえば、留守番中にピンポーンと誰かが訪ねてきたり、電話がなったりしたら、あなたのお子さんはどう対応されますか？

ひとりでいるときに呼び鈴や電話がなったときの対応は、子どもが一番迷うところです。

お子さんの対応能力が十分でないと判断した場合には、決められたもの以外は一切対応しないと決めるというのもひとつの手です。

誰が訪ねてきても、ドアを開けてはいけない、と教えてあげるといいでしょう。

電話についても、まだ対応がむずかしいと感じられたら、「出ない」ことにするのが安全です。ある程度慣れてきたら、対応のルールを決めてあげるといいでしょう。

たとえば、

「2コールでいったん切れ、5秒後にかけ直してきた電話だけがお母さんだよ」

と教える。

「留守電に切り替わってお母さんの声を聞いてから取るようにするんだよ」と教える。

こういったルールのもとに連絡を取ることで子どもを安心させてあげることも有効です。

当然ですが、確実な戸締りをして、早めの帰宅を心がけましょう。

お子さんにある程度の対応能力がある場合は、対応のルールをきちんと決めておきましょう。

訪問者に対しては、インターフォンで対応するか、玄関のチェーンをかけたまま対応するなど、絶対にドアを開放しないことが大切です。

宅配便などの場合は、玄関の外に置いてもらうなどの対応をします。

電話に対応するときも、ひとりでいることを電話の相手にできるだけ悟られないようにして、何か怖いことがあったらすぐ親に連絡できるようにしておきましょう。

留守番のルールはできるだけシンプルにしておくことがポイントです。最初からルールをこまかくしておくと子どもは迷ってしまいますし、留守番中に起きるすべての事柄について、全部のルールを決めておくということは不可能です。

はじめは「できないことはできない」と割り切って、「してはいけない」ことだけを約束しておきます。ある程度慣れてきて、自信もついてきたら段階的に、できることを増やしてみてあげてください。

こうしてルールを決めていても、何が起こるかわかりません。

犯罪だけでなく、家のなかで何らかのアクシデントが起こることも考えられます。

子どもがひとりで留守番をしていて、何か困ったことが起こったときにどうすればいいのか、という点も、お子さんと共通のルールを設けておくことをおすすめします。

絶対に必要なことは、「勝手にひとりで何とかしようと思わない」ということをお子さんとの約束事にすることです。

困ったときにどうするか？

ひとりで留守番をしていて困ったことがあったとき、自分で何とかしようとすることで危険をまねく場合があります。

たとえば火遊びをして火事になってしまったときに、自分で火を消そうとして逃げ遅れてしまうというケースがあります。「火がついてしまったら、とにかく逃げて大人に知らせる」ことを徹底させてください。

特にライターによる火遊びから火災になることがあります。留守番をさせる外出時はもちろん、普段からライターは子どもの手の届かないところに置く習慣をつけましょう。

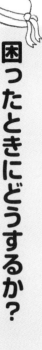

また、困ったときにどうするかのルールをきちんと決めておきましょう。

困ったときの連絡先を教える際、お母さんの携帯電話の番号ひとつだけだと、それに出ないときに子どもがパニックになってしまう可能性があります。ですから連絡先は複数用意しておくと安心です。

さらに、子どもに留守番をさせるときには、近所で信頼関係を築いているご家庭にひと声かけておき、子どもにも、困ったときにはそこに連絡して迎えに来てもらうように教えておいてもよいでしょう。

第2章

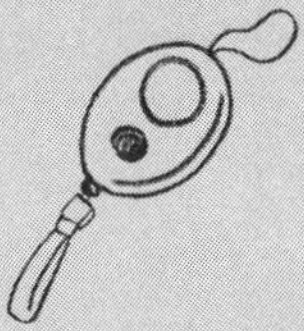

ネットの向こうから子どもが狙われる

携帯電話、スマートフォンの普及

毎日のように犯罪に関するニュースが流れているので意外に感じられるかもしれませんが、実は警察で認知されている犯罪の総数は全体として減少傾向にあります。

しかし、そのなかで年々増加し続けている犯罪に「サイバー犯罪」があります。これはコンピューターやネットワークを通した犯罪のことです。

検挙されたサイバー犯罪のうち、「ネットワーク犯罪」と呼ばれる犯罪が多数を占めています。なかでも特に児童買春や児童ポルノ、青少年保護条例違反といった、子どもをターゲットとした犯罪の増加が目立ちます。

子どもたちは、どうやってこのネット環境に触れているのでしょうか？

内閣府の調査による携帯電話の普及状況が参考になります。

今や小学生でも3割以上の子が携帯電話を所有しており、なかでもスマートフォンの割合が急増しています。

内閣府の『平成26年度　青少年のインターネット利用環境実態調査』によれば、パソコンや携帯電話、スマートフォンなど何らかの機器でインターネットを利用している10歳以上の小学生は全体の約53パーセント、特にスマートフォンでインターネットを利用している小学生は約9パーセントにのぼります。

利用目的としては、「ゲーム」が一番多く、「情報検索」や「動画視聴」が続き、その次が「コミュニケーション」、つまりメールやSNS（ソーシャル・ネットワーク・サービス）の利用となります。

そのような状況のなかで、子どものインターネット利用に関するトラブルも多発しています。

総務省の『インターネットトラブル事例集』や国民生活センターに寄せられた相談などのなかから、代表的なものをいくつかご紹介します。

事例1：個人情報流出、ウイルス感染

・オンラインゲームの裏技や攻略法を無料でダウンロードできるサイトにパソコンからアクセスした男の子。攻略法をダウンロードしたものの、後日ウイルスに感染したことが判明。
・オンラインゲームのIDとパスワードが盗まれたうえ、オンラインゲーム会社から多額の請求が届いた。このサイトの存在を教えた友人も同様のトラブルに巻き込まれた。

対処法

パソコンのセキュリティ対策が不十分なまま、安全性を確認できないサイトにアクセスすれば、誰にでも同じトラブルが起こりえます。

ウイルス対策ソフトやソフトウェアを常に最新に保つとともに、無料をうたってダウンロードさせたり、個人情報に該当することを入力させたりするサイトには、危険が潜んでいる可能性もあることを教えておきましょう。

事例2：長時間利用による日常生活への影響

・オンラインゲームにハマっている男の子は、夜中でも親に隠れてこっそりゲームで遊んでいる。参加しないと仲間はずれにされるのではないかと心配で、途中でやめられない。その結果、寝不足が続いて学校の授業にも集中できなくなっている。

対処法

インターネット上にはゲーム以外にも、無料通話アプリ、動画視聴など、子どもがハマりやすいものがたくさんあります。子どもが依存しすぎないよう、保護者がきちんと管理する必要があります。利用時間をルール化するとともに、「やめどき」についても教えてください。「いますぐやめなさい！」ではなく、画面を見て子どもがやめやすいタイミングで「ここまでね」と声をかけると、聞き入れやすいはずです。

事例3：高額請求

・無料のオンラインゲームサイトに携帯電話からアクセスして遊んでいた女の子は、アイテムの購入は有料だということを知らず、何百個も購入してしまい、15万円を請求された。

・携帯型ゲーム機で遊んでいた男の子は、ゲーム機からソフトをダウンロードできることを知り、親に無断でクレジットカードを使用。ゲームソフト代金24万円を請求された。

・親のスマートフォンでゲームをしていた男の子は、表示されるアイテムに次々タッチしてゲームを進めていったところ、後日32万円もの請求が届いた。

対処法

高額請求トラブルに巻き込まれる子どもは、遊んでいるゲームの仕組みや、クレジットカードについての知識が不十分なケースが多いようです。

クレジットカードは現金で買い物をするのと同じだということ、十分に確認せずにゲームをしていると課金される場合もある、ということをしっかりと伝えましょう。

保護者自身も、クレジットカードや暗証番号、パスワードなどの管理を厳重にしてください。

事例4：SNSやプロフの書き込みによるトラブル

・SNSの日記に熱心に書き込みをしていた女の子は、親友と撮った写真をSNSに掲載。名前や学校名も掲載してしまった。

数日後、女の子の写真が画像掲載サイトに掲載されており、自宅の電話番号まで書き込まれていた。自宅にいやがらせの電話がかかってきたり、家の近所で不審な人物を見かけたりするようになった。

・実名で友だち1ちだけに公開するSNSと、匿名で一般に公開しているプロフを利用していた男の子が、実名SNSからのリンクにより、プロフサイトで実名や学校名が特定されてしまった。プロフでの履歴や不適切な行動、発言が明るみになり、さらに公開掲示板にまで男の子の情報が掲載さ

れる事態に発展。
学校に保護者から苦情の連絡が入るようになってしまった。

対処法

友だちしか見ていないと思い込んで無防備に書き込みを行ない、ネットいじめや現実に危険が迫るような深刻なトラブルになるケースが多く見られます。顔写真、メールアドレス、学校、住所などがわかる情報をインターネットに掲載しない、書き込んだ内容に責任を持つなど、インターネットの基本ルールを厳しく教えましょう。

詳細に個人情報を書き込まなくても、写真データに位置情報が記録されていれば、撮った場所をある程度特定することも可能です。写真の風景や過去の書き込みの断片から、自宅の場所など詳細な個人情報を特定されてしまうこともあります。また最近は、アプリとクラウドを連携するサービスもあり、自動で画像などが公開されてしまうこともあるそうです。

「友だちしか見ていない」との思い込みで、意図せず個人情報が流出してしまうトラブルは決して珍しくないことを、しっかりと理解しなくてはなりません。子どもがどのようなＳＮＳ、プロフ、掲示板などに登録しているか、利用状況を把握することも重要です。

事例5：児童ポルノ、強制わいせつなどの被害

・携帯電話のゲームサイトを利用していた女の子は、サイトのミニメールを利用して知らない男と仲良くなり、実際に会った。その後、「会ったときの出来事を家や学校にばらす」などと執拗《しつよう》に脅迫され、ふたたび会うことに。その際、重大な性犯罪被害にあってしまった。
・携帯型ゲーム機のゲーム内で女性になりすました男と知り合った女の子は、裸の画像を交換するよう要求され、断りきれずに自分の裸を撮影し、画

像を送信してしまった。

対処法

無料通話アプリが普及して、新たな誘い出し被害が増えている実態があります。

ゲームサイトのように子どもが多く集まる場を悪用されるケースも目立ちますので、よく知らない人物との安易なコミュニケーションがいかに危険かをよく理解させる必要があります。

相手の要求に従って写真を送ったり直接会ったりすることは、絶対にさせてはなりません。

知らない人からの連絡に返信することにも、慎重になるべきです。

子どもが隠語を知っていたら（使っていたら）要注意

ＪＳ６（女子小学６年生）、ＪＣ２（女子中学２年生）、Ｕ吉Ｗ（福沢諭吉が２枚）、リク写メ（リクエストに応じて自分を撮影して送る）などの隠語を知っている、あるいは使っていることに気がついたら、子どもが援助交際や児童ポルノなどの、犯罪にかかわる情報に接している可能性があります。

本人が積極的にかかわっているわけではなく、意味をわかっていなかったとしても、誰かから来たメールに書かれていたり、そのような誘いを受けたことがあったりする場合がありますので、大事に至る前に、そのかかわりを絶つように働きかける必要があります。

あなたの目が届かなくなる

私が子どものころの電話というと、廊下やリビングに1台の黒電話（もちろんダイヤル式）があり、外からかかってきた電話はまず親が取ってから子どもへ取り次ぐスタイルでした。

ですから、子どもにかかってきた電話については、誰からかかってきて、どのくらいの時間、どんな内容を話しているかをすべて親が把握していたものです。

そのため、女の子の家にかけるときなどは、「こわいお父さんが出たらどうしよう」などとドキドキしたものです。

つまり、電話を通した子どもへのアクセスには、かならず親のフィルターがかかっていたわけです。

しかし、ひとり1台パーソナルな携帯電話を持つ時代となり、子どもにも電話が直接かかってきます。親は子どもが誰とどんな話をしているのかまったく知る由がありません。

しかも、メールやインターネットも使えるようになり、それこそ親のフィルターを通さずに世界中へダイレクトにアクセスすることができるようになりました。さらにスマートフォンになれば、それこそ超高性能なモバイル通信端末として、動画なども含むあらゆる情報にアクセスできてしまいます。

子ども向け携帯電話が各社から販売されており、これにはあらかじめ通話先の制限やインターネットのフィルタリングなどが設定されており、防犯ブザーやGPSの機能を備えている場合もあります。

ですから親はこれなら大丈夫だろうと思って子どもに与えている場合が多い

と思います。

しかし、子ども向け携帯電話でも設定を変更することで危険なサイトにアクセスすることができたり、想定外の通話を受けたりするものもあるので注意が必要です。

また、子どもがインターネットにアクセスする手段は携帯電話やパソコンに限りません。

子どもに携帯電話を持たせることには慎重なご家庭でも、ゲーム機なら大丈夫だろうと与えていたり、おじいちゃん、おばあちゃんにプレゼントしてもらったゲームを自由に使わせていたりする場合が多いようです。

しかし、最近の携帯型ゲーム機にもインターネットへのアクセス機能がついています。

実際に携帯型ゲーム機を利用して子どもが興味本位にアダルトサイトで商品を購入するといった事例も起きているようです。

インターネットにつながる携帯型ゲーム機は、実はすでに単なる「おもちゃ」ではなく、やはりこれも高機能なモバイル通信端末なのです。

ですから、子どもにポンっと渡していいものではありません。親がネットへの接続をこまかく設定できる機能がかならずありますので、子どもに渡す前にしっかりと設定を行なうようにしてください。

以前
現在

悪質な情報はこんなにたくさんある

インターネットは、世界中の情報を家に居ながらにして入手することができる大変便利なものですが、そのなかには子どもにとって大変悪質な情報もあります。

子どもにとって悪質な情報の例

・犯罪の手口、自殺の方法などの紹介
・カルト宗教への勧誘

・ギャンブル、投資への呼びかけ
・喫煙、飲酒、薬物等への誘惑
・戦争、テロ等の賛美
・誹謗中傷《ひぼうちゅうしょう》
・売春や援助交際の募集、情報提供
・性風俗情報、わいせつ画像、動画

他にもさまざまな情報があふれています。

身を守る術と知識を何も持たない子どもがそういった情報に触れることは大変危険です。子どものネットへのアクセスは親がしっかりと管理し、適切なフィルタリングを行なうことが必要です。

SNSのトラブルで傷つかないために

子ども自身が書き込むことのできる掲示板や情報サイトにも注意が必要です。一時期大きな社会問題となった『出会い系サイト』『学校裏サイト』『プロフ』などについて表だって聞くことはだいぶ少なくなりましたが、実際にはＳＮＳやコミュニティサイト（以降、ＳＮＳとまとめます）と名前や形を変えて存続しています。

警察庁が２０１４年９月に発表した『平成26年上半期の出会い系サイトおよびコミュニティサイトに起因する事犯の現状と対策について』によると、「出会い系サイトに起因する事件」での検挙数は２９８件（前年同期比マイナス70件、マイナス19・0パーセント）で、ここ数年減少し続けています。

一方で、「コミュニティサイトに起因する事件」の検挙数は948件（前年同期比プラス89件、プラス10・4パーセント）と増加。被害児童数も698人（前年同時期比プラス100人、プラス16・7パーセント）と大幅に増加しました。

また、「出会い系サイトに起因する事件」と「コミュニティサイトに起因する事件」の被害児童数の割合を見ると、「コミュニティサイトに起因する事件」の被害児童の低年齢化がわかります。

出会い系サイトとは違い、コミュニティサイトでは、「ごく普通の小学生がいつのまにか被害にあう」ということを示しているのではないかと思います。

SNSは「人と人とをつなげる」ことを主な目的としています。グループ型のSNSでは友だちとグループを作り、そのなかで情報のやり取りをしていますが、それにともなう問題点も多数発生しています。

グループのメンバーが何かを書き込んだら、すぐにそれに反応しないといけないという暗黙のルールが作られていて、届いたメッセージを見ると「既読」というマークがつくため、返答を怠《おこた》ると仲間外れにされたり、いじめのターゲットにされたりすることもあります。

そのために、常にメッセージが届いていないかと緊張を強いられ、寝るときも携帯電話を手放せず、睡眠不足になってイライラしたり、家族と過ごす大切な時間を失ったりと、子どもたちの生活において深刻な問題を引き起こしています。

子どもたちは「つながっていなくちゃいけない」という不安に常に押しつぶされそうになっています。

また、開放されたSNSでは、社会の人々と「つながる」ことでさまざまな情報を入手するわけですが、そこで子どもと「知らない大人」との接点を増やしてしまうという問題があります。

同級生の女の子だと思ってやりとりしていた相手が、性的欲望を持って女の子になりすました男性であるということもあり得るのです。コミュニティのなかで注目されようと、いろいろと書き込んだために個人情報の流出につながり、犯罪のターゲットにされる可能性もあるのです。

ネットいじめや誹謗中傷などの問題が深刻化していますし、高額請求や児童ポルノなどの被害も後を絶ちません。

これらのトラブルは、決して特殊な例ではなく、どこにでもいる普通の小学生が、なんとなく携帯電話やスマートフォンを使っているうちに起こりうることなのです。

文字だけに頼ったコミュニケーション

携帯型端末を手にした子どもたちは、メールやチャットなど文字によるコミュニケーションの割合が圧倒的に多くなり、リアルな世界での面と向かってのコミュニケーション能力が低下しているように感じます。

私たちは面と向かって人と話をするときには、相手の顔を見て、相手の声の調子を聞いて、相手がどういう気持ちでその言葉を発しているのか、自分の言葉がどう伝わっているのかを常に判断しています。

ですから、こちらの言ったことで相手の機嫌を損ねたとしても、すぐにそれを理解し、言葉を修正して適切な対応を取ることができるのです。

しかし、文字だけによるコミュニケーションでは、こちらの発言がどのように相手に伝わっているのか、相手の発言がどのような意図によるものかを正確に理解するのがむずかしい場面が存在し、そこに誤解が生まれて、修正不可能な事態に陥ることがあります。そこからネット上での集団攻撃、いわゆる「ネットいじめ」につながることもあります。

また匿名の掲示板などでは、名前を書いていない気軽さから発言が無責任になったり、攻撃的であったりします。

他人の中傷に乗っかった無責任な発言をして人を傷つける加害者になったり、不用意な発言をして集中攻撃（いわゆる「炎上」）を受ける被害者になったりすることもあります。

実際に「○○駅にサリンをまく」といういたずらの書き込みをして、高校生が書類送検された事例もありました。

子どもたちはネットや携帯電話に関する情報に敏感で、われわれ周囲の親や教師にくらべればいろいろなことを知っているかもしれません。

そのために自分はネットのことをよくわかっている気になって、ネット遊びのつもりで不用意なことをしてしまいがちなのです。

しかし、ネットに精通した犯罪者たちは、ネットを悪用する能力においてははるかに高いレベルにあり、社会経験や常識に乏しく、慎重さに欠けた子どもたちはあっという間にターゲットにされてしまいます。

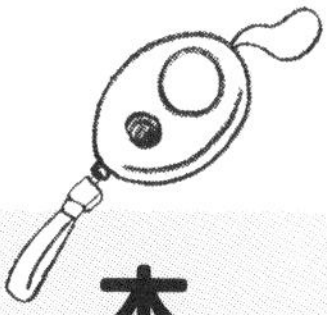

本当にネット環境が必要かを考える

よく子どもの防犯教室などで、「何年生になったら携帯電話を持たせていいですか？」というご質問をいただくことがあります。

しかし、子どもの成長度合いや性格には個人差があるため、何年生からとか何歳からという明確な基準はありません。

買い与える基準は、「年齢」ではなく「必要性」。

携帯電話やスマートフォンを持たせるかどうか迷った際は、「本当に携帯電話や、スマートフォンが必要なのか」ということを、深く掘り下げて考えてみてください。

子どもから「携帯電話が欲しい」と言われたら、なぜ必要なのか、どのように使うのかを子ども自身に説明させてみましょう。

「友だちはみんな持っている」「ないと仲間に入れない」といった言葉を聞くと「買ってあげないとかわいそうかもしれない」と思ってしまいがちですが、それは携帯電話やスマートフォンを持つ理由としては十分ではありません。

自分なりの言葉で、しっかりした「必要性」を説明できないのであれば、まだ持たせる時期ではないと思います。

また、なぜ親が携帯電話を持たせることをためらっているのか、その理由を子どもに伝えましょう。「お父さん（お母さん）は、こういう危険があなたに及ぶかもしれないから、心配しているんだよ」と話して聞かせ、それを正しく理解できているかどうかを判断します。

理解できないようなら、やはりまだ携帯電話を持つのは早いといえます。これは、子どもに「携帯電話は好き勝手に使ってはいけないのだ」という認識を持たせるためにも大切なポイントです。

インターネットや携帯電話は確かにとても便利なツールであり、有効に使えば大変有意義なものでもあります。

しかし、それとは裏腹に大きなリスクを抱えたものでもあります。

大切なのはその利点とリスクをきちんと知り、お子さんにとって何が必要で、何が不必要なのかをきちんと見極めることです。

子どもの安全のために親の意思で持たせるのであれば、本当に携帯電話でないとだめなのか、親自身も「必要性」を冷静に見極めてください。

塾などの行き帰りが心配なので携帯電話を持たせたいというご家庭も多いでしょう。遅くなったときに子どもから連絡して迎えに来てもらう、帰りが遅いなと思ったら親からも連絡ができて居場所が確認できるなど、確かに持っていると安心かもしれません。

しかしそのためであれば、インターネットにアクセスできる機能は必要ないでしょう。限られた少数の電話番号やメールアドレスのみに連絡できればいいはずです。

「友だちとの待ち合わせに必要だから」というお子さんもいます。

しかし、そもそも事前に待ち合わせ場所と時間をきちんと決めておけば済むことです。

大人の世界でも同様ですが、最近は事前のコミュニケーションを密にすることを面倒くさがって、便利な機器に頼っているために、余分なリスクを抱えてしまっています。

子ども向け携帯電話は防犯ブザーやGPS機能がついているから安心だということであれば、前章でご紹介したようにそれぞれの機能に特化した専用機器もあります。


お子さんにとって何が必要かをよく考慮したうえで選んであげてください。

もちろん適切なフィルタリングや、機能の設定はしっかりと行なってください。

学齢に応じた強度のフィルタリング設定も重要です。子どもが希望するサイトの閲覧ができないという理由で、お子さんの求めに応じてフィルタリングを解除してしまうこともよくあるようですが、解除ではなく、設定変更（カスタマイズ）で対応できる場合がほとんどです。

平成27年2月に警察庁が行なった「携帯電話販売店に対するフィルタリング推奨状況等実態調査」では、スマートフォンの販売時にフィルタリングの説明、推奨を適切に行なっている販売店は全体の約5割に過ぎず、約半数の販売店では改善を要する、あるいは不適切という結果になっています。

不適切な販売を行なっている店舗では、「フィルタリングに強度はない」「無料電話アプリを使いたいなら、フィルタリングを利用しないほうがよい」などという無責任な説明をしている場合もあります。なかには「親が使用することにして契約すればフィルタリングを使用しなくてもよい」などという悪質な推奨をしていた店舗もありました。

ですから、店の説明を鵜呑《うの》みにするだけではなく、さまざまな情報に当たってお子さんに適切なフィルタリングを設定し、保護者がきちんと子どもの利用状況を管理してあげる必要があるのです。

「ペアレンタル・コントロール」という考え方

あなたは「ペアレンタル・コントロール」という言葉を知っていますか。

ここでは、欧米で子を持つ親の常識となりつつある「ペアレンタル・コントロール」について、具体的に触れてみたいと思います。


この場合の「ペアレンタル・コントロール」とは、子どものインターネット利用を親が管理・監督することです。

パソコンに限らず、携帯電話やゲーム機など、インターネットにアクセスできる端末を、好き勝手に使わせず、親がコントロールしながら、子どもがいい

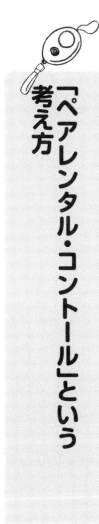

ことと悪いことを判断する力を身につけられるよう、サポートします。
これは、注意、見守り、指導の三段階のくり返しによって成り立ち、一度注意したら終わり、というものではありません。

【注意】携帯電話、インターネットには、どのようなリスクがあるのかをきちんと子どもに理解させ、注意を促す。

【見守り】携帯電話、インターネットを正しく利用するための約束事やルールを作り、それが守られているかどうかを見守る。

【指導】子どもが間違った使い方をしたり、約束を破ったりすれば、適切に指導する。場合によっては端末を取り上げる。

注意を促し、見守り、間違っていれば指導する。親がこれをくり返すことによって、子どもの適切なインターネット利用能力を向上させていくことが「ペアレンタル・コントロール」の最終目的です。

親子で使い方のルールを決める

携帯電話やスマートフォン、インターネットにつながる携帯型ゲーム機などの機器を持たせるとき、またご家庭でインターネットにつながるパソコンやタブレットなどを使わせるとき、その使い方について、きちんと親子でルールを決めることが大切です。

まずは、安全に使うために、どのような使い方をすればいいのか、お子さんに自分なりのルールや約束事を考えさせてみてください。携帯電話やスマートフォンを持つことの意味をどの程度理解しているか測ることができるはずです。

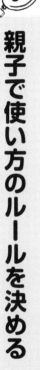

そのうえでたとえば、以下のような約束をします。

- 家ではリビングなどで使用し、自分の部屋には持ち込まない
- 使う時間を決め、決めた時間以降は電源を切って所定の充電器の場所に置く
- 有料サイトにはアクセスしない
- スマートフォンではアプリを勝手にダウンロードしたり、インストールしたりしない
- 個人情報（写真、住所、電話番号など）を送ったり書き込んだりしない
- （メールや掲示板で悪口を書くなど）自分がされていやなことは他人にもしない
- 通話やネットアクセスの履歴はお父さん、お母さんが確認する
- 何かトラブルや困ったことがあったら、かならずお父さん、お母さんに報告、相談する

一方的に押しつけるのではなく、何が危険なのか、なぜいけないのかをお互いにきちんと理解したうえで、しっかりと約束してください。

子どもの携帯電話、スマートフォンの利用能力を高めるためには、正しい使い方をしているかどうかを親が厳しく確かめる姿勢を持つことも必要です。電話やメールの利用状況、サイトの閲覧履歴やお気に入り、使っているアプリなども、必要に応じてチェックしてみてください。

もしも誤った使い方をしていることがわかったときは、なぜそれがよくないかを説明し、一緒にどうしたらいいか考えることが大事です。頭ごなしに叱ったり、一方的に取り上げたりすると、次第に子どもは「どうしたら親にバレないか」を考えるようになってしまいます。

もしも約束を破ってしまったときは、約束を守れなかったことを叱るよりも、「約束を守るためにどうしたらいいか？」を話し合うことのほうが重要です。利用能力アップの好機と考えて、お子さん自身に考えさせてみてください。

たとえば、

約束した時間以外にメールを送っていた

「メールのやり取りに夢中になり過ぎないためにはどうしたらいいと思う?」

「どうしたら決まった時間内でメールを終わらせられると思う?」

勝手にアプリをダウンロードしていた

(アプリを通じて個人情報が盗まれたり、課金されたりする可能性を話したうえで)

「もし知らない人からメールがきたときは、どうしたらいいと思う?」

「安全なアプリかどうかを確かめるには、どうしたらいいと思う?」

といった具合です。

携帯電話やスマートフォンの利用に必要なモラルを身につけ、自制心を育むことが狙いです。使いすぎて生活が乱れたり、トラブルに発展したりすることを避けるためにも、ぜひお子さん自身に考えさせることを実践してみてください。

親が携帯電話の料金を支払っているならば、それはあくまで「親が貸してあげているものであって、あなたにあげたものではない」のだということをきちんと言い聞かせてください。

ネットの世界はものすごい勢いで変化し続けています。最初に使い方について約束したときにはなかったサービスやアプリ、機器などが、これから先、続々と登場してきます。

成長にともなってお子さんが使いたい機能も変わるかもしれません。それにともなってまた新たなリスクも出てくることでしょう。

スマートフォンは、高度なインターネットツールです。

携帯電話やインターネットについて、まだ十分習熟していない子どもがなんとなくそれらを使っていればどうなるか、想像に難くありません。

子どもの知識が不十分なら、どんな危険があり、どのようなときにそれが発生するのかを説明し、正しく理解できるようになるまで、導いてあげることが必要です。フィルタリングや機能制限などの対策については、親もしっかり勉強して有効に活用してあげてください。

親子でともに学び、約束や設定を常に見直していくことが重要です。

親子でよく話し合って使い方を決め、少しでも危ないと思ったときにはいつでもストップをかけられるようにしておくことが、子どもを守る方法なのです。

Column

ネットトラブルで困ったときの相談先

ネットトラブルに関しては、子どもの力で解決することは困難ですし、親もいったいどう対処していいか困ることもあります。そんなときの情報サイトは多数あります。その一部をご紹介します。

インターネット安全・安心相談（警察庁）

http://www.npa.go.jp/cybersafety/

カテゴリ別の相談窓口や相談事例を調べることができます。

インターネットホットライン連絡協議会

http://www.iajapan.org/hotline/

トラブルの種類ごとに、どこに相談すればいいのか検索ができます。

迷惑メール相談センター（日本データ通信協会）

http://www.dekyo.or.jp/soudan/

宣伝や広告を目的とした迷惑メールやチェーンメールで困ったときの相談窓口を開設しています。

全国 web カウンセリング協議会

http://www.web-mind.jp/

ネットいじめや不登校について携帯から相談できる「子ども無料相談室 みらい」を開設しています。

第３章

子どもを守るために できること

子どものことをよく知る

子どもを犯罪の危険から守るためにまず大切なことは、お子さんのことをよく知るということです。

あなたは、

「親なんだから、自分の子どものことはよく知っていて当たり前」

と思っているでしょう。でも、「子どもの今」を本当にすべてわかっているでしょうか。

今、子どもたちの間でどんな〝もの〟や〝こと〟が流行っているのか？

「わかっている」と思っていても、子どもの興味や関心の移り変わりは本当に早いものです。

ついこの前まで、みんなこれでばかり遊んでいたはずなのに、今はまったく違うものが子どもたちの間で流行っている、ということがよくあります。

今、仲のいい友だちは誰か？

小学校に入学したり、学年が上がってクラスが変わったりすると、子どもを取り巻く環境は一変します。

子どもが友だちを作る速さは驚異的です。これまで仲のよかった友だちとは学校や学級が変わったためにまったく遊ばなくなり、いつの間にか別の友だちができています。

どんなことに惹（ひ）かれやすいか

「うちの子にはちゃんと言い聞かせているので、人に誘われてもついて行ったりはしない」と思っている方も多いと思いますが、子どもにも「これでつられると弱い」というツボが存在します。

今、子どもの興味関心がどこにあり、何に惹かれやすいのかしっかりと見極める必要があります。

きちんと対応はできるのか

親や友だちと話すときにはしっかりと話せる子どもでも、知らない人にいきなり話しかけられたときには固まってしまうことがあります。誘われたときにきちんと「いやです」と断れるか、もう一度確認してみましょう。

子どものことをよくわかっていれば、何か想定外の事態が起こったときも、ある程度子どもの行動を予測することができ、素早く対策が打てます。

子どもの日ごろの様子をよく観察することが大切です。

特に新入学や進級時には、新しい環境に子どもが馴染《なじ》めているか、困っていないか、何か言いたい様子がないかをよく気にしてあげてください。転居時や新しい習い事をはじめたときなども同様です。

子どもは常に「見て！」「聞いて！」というサインを出しています。

子どもが何かを伝えたがっているときに、つい自分の忙しさにかまけてきちんと聞いてあげられないことがありますが、そのとき子どもが何らかのＳＯＳを発している可能性もあるのです。

手を止めてしっかり聞いてあげることが大切です。

学校や塾の安全に対する考え方を知る

新入学や入塾など、新しい環境に子どもが進むときには、その施設が子どもの安全を守るために、どのような考え方（セキュリティポリシー）を持っているかを知りましょう。学校説明会などでもかならず言及があると思いますが、不明な点があれば質問し、よく確認しておくことが大切です。

子どもが毎日通う通学路や、子どもがよく行く遊び場については、きちんと親がその場所の危険性を確認しておきましょう。

小学校入学前に、通学路を親子で歩き、交通の状況や街並み、お店や施設の配置などを一緒に見て、話し合っておくことが非常に有効です。

危険なところはないか、もし困ったときにはどうすればいいか、助けてくれるところはどこかなどについて、ひとつずつ一緒に確認しましょう。

昼間の住宅街などは意外に人通りが少なく、いざというときに助けてくれる場所が少ない場合があります。子ども110番の家の位置やお店の場所、営業時間なども確認が必要です。

もし危険と感じられる場所があれば、学校や市区町村役場、警察署などに相談してみましょう。

子どもの好きなことを一緒に楽しむ

子どもを守るためにもっとも大切なことのひとつが、親子のコミュニケーションです。

子どもの興味、関心に対してある程度の知識を持っておくと、子どもとの会話がスムーズになり、子どももいろいろな話をしてくれるようになります。

その日常の会話のなかから、子どもを狙った犯罪の芽を発見できる場合もあります。

何か困ったことが起こったとしても、「お母さんとお父さんに相談しよう」と隠さずに話してもらえることが、子どもを守るうえで何より重要なのです。

ですから、子どもの好きなアニメやゲーム、キャラクターなどについても、くだらないと頭から無視せずに、一緒にテレビや本を見たり、ゲームをしたりしながら、なぜ子どもはそれに関心を持っているのか、どういうポイントに惹かれているのかということを知っておくことは非常に有効です。

それを話のきっかけにして、大切な話に導くことができます。

情報をどうやって入手するか

第1章でもお伝えしましたが、最近は、警察や市区町村役場などによる、その地域の情報を携帯電話などに配信してくれるメールサービスがあります。そこでは、特に不審者情報などが頻繁に提供されています。そのような情報はこまめにチェックしておきましょう。

このようなメールサービスで不審者や事件の発生情報を入手し、地域がパトロールを強化したり、保護者が家の外で子どもたちの下校を見守ったりするという活動も盛んに行なわれています。

また、地域のお祭りや、町内清掃、消防訓練などの各種イベントにはできるだけ親子で参加し、地域の人たちと顔見知りになり、地域の情報をいろいろと教えてもらうことは非常に有効です。

子供見守り活動事例集（東京都）
http://www.bouhan.metro.tokyo.jp/paper/02_01_volunteer/jireishuu25.pdf

家庭のルールを作ろう

子どもが安全に毎日を送るために、まず家庭のルールを作りましょう。家庭で決めておくべきルールには、いくつかの種類があります。

- 登下校のルール
- 外出、外遊びのルール
- 家庭内の過ごし方、留守番のルール
- 携帯電話、インターネットに関するルールルールを作るうえで一番大切なのは、親の意向を一方的に押しつけないということ。「よくわからないから、何でも禁止」は逆効果です。

自分の意見がまったく取り入れられていない、親から押しつけられたルールは、子どもは守りません。逆に親に隠れてやるようになり、より危険なことになる可能性があります。

一緒に話し合い、子どもにも提案をさせて、お互いが納得できるルールを決めていくことが大切です。

登下校のルール

学校に通いはじめたら、まず必要になるのは登下校のルールです。特に連れ去り事件は下校時刻にもっとも多く発生していることから、きちんとルールを決めておくことが大切です。基本となるのは以下のルールです。

- 決められた通学路を守り、寄り道をしない
- 交通ルールを守る
- できるだけ友だちと一緒に歩く
- 知らない人について行かない

知っている人でも、事前に親から言われていなければついて行かない
・何か変わったことがあったら帰宅後すぐに報告する

授業やクラブ活動が終わり、下校する時刻は日によって変わるので、あらかじめ親子で確認しておきましょう。

外出、外遊びのルール

学校から帰ってきて、外に遊びに行くときには、あらかじめ決めたルールを守らせることが大切です。

まず、「どこに、誰と、何をしに行くか、何時に帰るのかをかならず言ってから出かける」というルールを守らせましょう。そうしないと万が一予定した時間に帰ってこなかった場合や、急に出かけなくてはならなくなったときなどに、探しに行くことも連絡することもできず、困ってしまいます。季節によって暗くなる時間も違いますので、帰宅する時間は適切に決めましょう。

行っていい場所、いけない場所も明確にすることが必要です。

小学生になると、子どもの行動範囲も急速に広がっていきます。市街地や繁華街などに友だちと出かけたいという欲求も出てくるでしょう。

そういうときも、きちんと家庭のルールとして、たとえば本屋さんは行ってもよいが、ゲームセンターはだめなど、行ってもいい場所、いけない場所を話し合って決めておかなければなりません。

また、増水している川やため池など水の危険のある場所、工事現場や空き家などの危険な場所には絶対に近づかないことを約束しておきましょう。

もちろん、登下校のルールにあったように、交通ルールを守ること、知らない人について行かないこと、何かあったらかならず報告することは徹底しましょう。

お金の持ち方、使い方にもルールが必要です。

お小遣いを持って出かけて買い物をするという経験は、社会勉強としては非常に大切ですが、その使い方についてはしっかり話し合っておきましょう。必要以上の額を持ち歩かせないようにすることも重要です。

また、不用意にお金や財布が外から見える状態で歩いたり、高額な商品を買ったりすると犯罪のターゲットになる可能性もありますので注意が必要です。

家庭内の過ごし方、留守番のルール

家のなかにいても安全とは限りません。特にひとりで留守番をさせるときは心配が大きいので、ルールをしっかりと決めておく必要があります。

第1章でご説明したように、お子さんの対応能力によって、訪問者や電話があったときに出るか出ないか、どこまで対応するかをこまかく決めてルール化しておくと、いざというときに慌てずに対処できます。

決めたルールを電話やドアの近くに貼っておくというのも有効な方法です。

火や刃物、薬品類などの危険物、電化製品などの取り扱いのルールについても、きちんと決めておきましょう。

携帯電話、インターネットの使い方のルール

携帯電話やインターネットの使い方については第2章で詳しく説明しましたが、親子でよく話し合ってルールを決めておきましょう。

- 使っていい場所、時間
- アクセスしてはいけない情報
- 個人情報の扱い
- トラブルがあったら

インターネットを使用するうえでのルール違反は大きな危険につながることがありますから、もしルールを守れなかったら、きちんと理由を説明したうえでいったん取り上げるなど、厳しい対処が必要になることもあります。

最近の携帯電話、インターネットに関する進歩のスピードは非常に早いですから、親も一緒に勉強し、ネットリテラシーを高めていく姿勢が必要です。

ルールを決めるうえで頭に入れておかなければいけない大切なことは、「それはあくまで〝我が家のルール〟」だということ。

帰宅時間や遊びに行っていい場所、携帯電話に関する約束などさまざまなルールを決めていきますが、それは「友だちの家のルール」とは違うかもしれません。でも、お子さんの性格や環境、ご両親の時間帯の都合などによって、それぞれの家庭の事情があります。

友だちの家はＯＫだからうちもＯＫという決め方はおすすめできません。

そのうえで、子どもの成長に合わせて話し合い、ルールを見直していきましょう。いつまでも古いルールのままでは、子どもも守らなくなってしまいます。

子どもの「危ないぞアンテナ」を育てる

親がさまざまな対策を行なうと同時に、子ども自身の危険回避能力を高めることも重要です。

子どもの危険回避能力においてもっとも重要なのは、「いやだな」「変だな」と感じるセンスです。

実際に危険かどうかの判断は大人でも非常にむずかしいものですが、とにかく何かおかしいと感じたときに、回避行動を取り、その事実を大人に伝えることができることが大切です。

たとえば、大声を出して暴れていたり、自分をじっと見ていたり、後をついてきたりする人がいたら、すぐにその場を離れることが必要です。

また、優しそうな人でも、子どもに変なお願いをしてくるのはおかしいと、子ども自身が感じ取ることが大切です。

実際に小学生の女の子に「研究に使うから、唾《つば》をちょうだい」と声をかけてフィルムケースに唾を集めたり、子どもの口のなかをビデオで撮影したりしていた男が逮捕されるという事件がありました。

その男は「17年間で４０００人に声をかけた」と自供しており、子どもたちからは「唾くれおじさん」と呼ばれていたといいます。

子どもが「危ないかもしれない」と状況を判断することはとてもむずかしいことです。ですから、そのような状況を伝えてきたときには、たとえそれが大人からするとたいして危なくないようなことだったとしても、真剣に聞いてあげてください。

そして何より、伝えてきたことを否定しないでください。もし何か少し危険なことをしてしまった結果だとしても、頭ごなしに叱るのではなく、危険な行為についてはその危険性を真剣に説明したうえで、その事実を伝えてくれたことについては、子どもをほめてあげてください。

子どもがくれた情報は、保護者間や学校と共有して、対策を取るようにしましょう。

断り方の練習をさせよう

危険を感じたときに、近づかないようにしたり、そこからすぐに離れたりすることは大切ですが、実際に声をかけられたときにどう対処するかについては、頭ではわかっていても、実際に行動に移すのはむずかしいかもしれません。

普段はとても元気なのに、声をかけられると固まってしまって返事ができないというお子さんもたくさんいます。あなたのお子さんは知らない人に「ついておいで」と声をかけられたとき、しっかりと断ることができますか?

状況を想定して、実際に声を出して練習しておくことが有効です。

「いやです!」

「わかりません！」

周囲の人に聞こえるように、大きな声ではっきりと断ることが大切です。大きな声で断ると、声をかけた不審者も周囲の目を気にしてあきらめます。

まずは家のなかや公園などで声を出す練習をしてみましょう。

なかには、はっきり断ったのにそれでもしつこく声をかけてきたり、体に触ってきたり、腕をつかんだりしてくる場合があります。そのようなときは「危ないぞアンテナ」を最大にして、大きな声で「助けてー！」と声を出して周囲の人に助けを求めながら、人のいるほうに逃げます。

声が出せない場合に備えて防犯ブザーを鳴らす練習もしておきましょう。

触られたり、腕をつかまれたりしないためには、知らない人に声をかけられたときに距離を取ることも大切です。

道をたずねられたりしたときでも、大人が両手を広げたくらいの距離をとって話すことが必要です。実際にどのくらいの距離なのか、自分が子どもと何かの間に立って両手を広げてみて、子どもに感覚的に覚えさせておきましょう。
また、実際にその距離から走り出して、大人が追いかけたときにどのくらい逃げられるものなのかを体で覚えさせておくことも有効です。ただしこれは、十分に安全な場所でやってください。

声を出すことに慣れてきたら、後ほどお話しする「親子で防犯シミュレーション」で、具体的なシチュエーションをいろいろと設定して練習してみましょう。

ヒヤッとする報告でも怒らないで聞く

もし子どもが、こんなことを言ってきたらどうしますか？

物をもらったという報告について

子　ど　も：「公園でどこかのおじさんがアメをくれたよ」
お母さん：「え！　それでどうしたの？」
子　ど　も：「おいしかったから、ありがとうって言った」

日ごろから、知らない人からものをもらってはいけません、と子どもに教えているお母さんであれば、つい「人からものをもらって食べちゃダメ！　って言ってるじゃないの!!」とガツンと叱りたいところですが、そこはぐっとこらえてゆっくり説明してあげましょう。

お母さん：「そうだったの、教えてくれてありがとう。あなたもありがとうって言えたのはえらかったね。
でもね、知らない人からものをもらうことはとても危ないことなのよ。もしアメじゃなくて、変な薬だったら大変。お母さんはあなたのことがとても心配だから、やっぱり絶対に人からものをもらったり食べたりしないって約束して」

子ども：「はーい」

危険な行為について

子　ど　も：「昨日の雨で川の水がすごいことになってるよ」
お母さん：「え！　もしかして見に行ったの？」
子　ど　も：「友だちと見に行こうぜ！　って言って、河原まで下りて見てきたんだ！　ゴォーって映画みたいですごい迫力だったよ！」

これは、より危険な状況ですので、もう少しきちんと言い聞かせる必要があります。

お母さん：「よく話してくれたね。でも子どもだけで水の近くに行っちゃいけないということは教えたよね。水の力はとても怖いものなのよ。毎年たくさんの子どもが水に流されて命を失っているの。だから、あなたが今回大丈夫だったのは、運がよかっただけだと思いなさい。
もし友だちに誘われても、今度はあなたが止める役割をしてね。
そうしたら、友だちも危ない目にあわなくて済むようになるわ。
でも、本当にあなたが無事でよかった。もう絶対にこんなことはしないでね」

このように、頭ごなしに否定せず、その危険性と「あなたを心配している」ことを真剣に伝えることで、また次に何かがあったときに、子どもはその事実を親に伝えることに躊躇《ちゅうちょ》はなくなり、結果として大きな危険から子どもを守ることができるのです。

安全マップを一緒に作ろう

防犯教育の一環として、安全マップの作成を授業で取り入れる学校も増えています。

大切なのは、子どもの目線でオリジナルのマップを作ることです。

自分の足で歩き、自分の目で確かめた「日常のなかにある危険」は、子どもの記憶に深く刻まれ、「どうしたら危険を避けられるか」という方向に意識が向くようになります。

危険回避能力は、子どもが成長するうえで非常に重要なスキルです。

ご自宅や学校のまわりの地図を入手し（ネットからプリントしたものなどで

も結構です）、親子で一緒に歩いて、危険な場所、安全な場所などをチェックしていくのです。

たとえば、次のようなところがないか、気をつけながら歩いてみましょう。

危険な場所

周囲から見えにくい場所

・人通りが少なく見通しの悪い通り

・高い塀や建物に囲まれた場所

・あまり人が入って来ない空き地

・駐車場や樹木の生い茂った公園、障害物などによる死角があるところ

・空き家や空きビル

・休止中の工事現場

ルール違反がある場所

・ゴミやらくがきが放置されている場所
・違法駐車や放置自転車がある場所
歩くのに不安がある場所
・ガードレールがない歩道
・路上駐車の多い道
・信号機のない横断歩道
・ミラーがない交差点やカーブ
・工事現場の出入り口前
昼と夜で雰囲気が一変する場所
・飲み屋の多い繁華街
・街灯の少ない通り

逆に、安全な場所についても調べておきましょう。いざというときに助けてくれる場所を知っておくことはとても大切です。

安全な場所

- ・交番や、子ども110番の家
- ・夜でも明るく、助けてくれる大人がいるお店（コンビニ、ファミレスなど）
- ・きちんと管理された公共の場所（公民館、役場、市立病院など）

ポイントとなる場所の写真を撮ってマップに貼りつけたり（人や家、庭のなかなどが写り込まないようプライバシーに注意が必要）、注意事項を書き込んでおいたりするとわかりやすいです。

また、困ったときに助けてくれる場所の特徴や営業時間（助けてくれる人がいる時間帯）などについても書いておくといいです。

歩く際には立ち止まって周囲を見まわしたり、お店に立ち寄って話を聞いてみたりすると、より理解が深まります。

こうばん
マンション
子ども
110番のいえ
やおやさん
がいとうが
少なくて暗い
子ども110番のいえ
鈴木さん
青いやね
八百屋
えき
スーパー
ちかんが
出たことがある
24じかん
開いている

大切なのは、親がすべて教えてしまうのではなく、子どもに考えさせることです。

保護者の方は、お子さんが写真を撮ったり話を聞いたりするうえでトラブルが生じないよう、さりげなくサポートしてあげてください。

安全マップは出来上がりの良し悪しを問うものではありません。それを作り上げる過程で、子どもがいろいろなことを発見し、それを知識として身につけていくことが重要です。

家に帰ったら、模造紙などに大きく地図を描き、そこに、集めた情報を書き込んでいきます。ポイントは、自分自身で考え、感じたことをコメントとして書き込むようにすることです。撮影した写真を地図に貼りつけるとよりわかりやすくなります。

イラストを加えたり、カラフルにペンで色分けしたりして、楽しみながら作ってみてください。

親子で防犯シミュレーション

最近では、学校や地域などで、子どもが犯罪者と遭遇したときにどうしたらいいかという勉強会などが盛んに行なわれていますが、実は家庭でも、ゲーム感覚で子どもの防犯意識を高める訓練ができます。

ここでは、実際に体を動かして親子で行なう「防犯シミュレーション」のやり方をご紹介します。

もし知らない人に声をかけられたら、お子さんはどのような受け答えができるかご存知ですか？

親が不審者役になって、実際に声かけをしてみましょう。第1章で解説したような声かけをしてみて、子どもがどのように対応できるかを確かめてみましょう。

特に子どもの関心が高いことをネタにしてやってみると、子どもの意外な面がわかるかもしれません。

状況や言葉づかいにオリジナルの工夫をしてみてください。

ただし外でやる場合は、通りがかりの人に「本当の不審者」と思われて通報されないように注意してくださいね（笑）

子どもの好きなもので誘うパターン

「子猫が生まれたんだけど見にこない？」
「新しいゲームがあるんだ。うちで一緒に遊ぼう！」
「このアンケートに答えると5000円もらえるよ。ちょっと答えてみない？」

助けを求めるパターン

「道に迷っちゃったんだけど、駅まで案内してくれない？」
「子犬が迷子になっちゃったんだけど、一緒に探してくれないかな？」

緊急事態を装うパターン

「君のお母さんが交通事故にあったんだ。一緒に病院に行こう！」
「お父さんが病気で倒れた。お母さんから病院につれてくるように頼まれたから車に乗って！」

大人の世界に誘惑するパターン

「君かわいいね、将来タレントになれるよ。芸能事務所に紹介するから写真を撮らせてくれない？」

子ども側の答え方としては「いやです」「家でだめだと言われています」などとはっきり断ることが基本になります。

状況によっては、「一度家に帰って聞いてきます」「学校の先生に聞いてみます」と答えたり、道をたずねられた場合などは「その先に交番があるのでそちらで聞いてください」と答えたりするという方法もあります。

最初から正解を教え込むのではなく、子どもに自由に答えさせてみてください。

そして、たとえばお子さんの答えが「お母さんが交通事故にあったかどうか、一度家に行って確認してみる」というものであれば、「けががひどくて、一刻をあらそうんだ。すぐおじさんの車に乗って。携帯電話を貸してあげるから、車のなかで連絡しなよ」などと、ちょっと意地悪く続けてみてください。

そして終わった後に、子どもが状況に応じてどう答えることができたかをふり返って、親子でじっくり話し合ってみましょう。

不審者役も、はじめはちょっと照れくさいかもしれません。でも、それでいいのです。

家庭のなかでの遊びのひとつとして楽しみながらやってください。

理想は、子どもが楽しくなって自分から「またやろうよ！」と言い出してくれることです。

どんなに素晴らしい訓練でも、一度やっただけでは効果はあまり期待できません。

くり返し行なうことで体にしみこんでいくのです。大切なのは、「教え込む」

というよりはあくまで「ゲーム感覚で楽しく」行なうことです。うまく答えることができなかった場合には、次はシチュエーションを変えてやってみましょう。うまくできなかったことで子どもの弱点もわかります。一度でもうまく対応できればそれが子どもの自信にもなります。

子どもが何度もやりたくなるほど楽しく訓練をする、これは親子でなくてはなかなかできることではありません。ただし、あんまり調子に乗りすぎて本物の不審者と間違われて通報されないように気をつけてください（笑）

ひとりでのおつかい

幼稚園、保育園のうちは、どこに出かけるのもかならず親や先生などの大人と一緒でした。それまでのお買い物は、子どもだけで行くことはありませんでした。しかし小学校に上がると、ひとりであるいは子どもだけで出かけることが増えてきます。

そこではじめてひとりでのおつかい事を頼んで、その行動を観察してみましょう。

子どもが、危険な目にあわないような行動が取れているかをチェックすることが目的です。

この場合の行き先としては、はじめてのところでは戸惑ってしまうだけなので、普段から親と一緒に買い物などに行っている場所を選びましょう。

そして、後ろからそっと子どもの行動を観察しながらついていくのです。「親子で防犯シミュレーション」のときと同様に、不審者と間違われて通報されないように気をつけましょうね（笑）

きちんと歩道を歩いているか、ふらふらとふざけながら歩いていないか、知らない人と不用意に話をしていないか、近所の人に出会ったらあいさつができているかなど、チェックすることはたくさんあります。

また、それまでに他の防犯シミュレーションを行なっているなら、その学習がきちんと実践できているかも確認します。

そして子どもが帰ってきたら、観察結果と照らし合わせながら報告を聞きましょう。

子どもはふらふら歩いていても、近所の人へのあいさつを忘れていても「ちゃんとできたよ！」と言うかもしれません。

でも、そこでは決して叱らないでください。観察結果と子どもからの報告には、実際には差があるはずです。その差が今後、子どもの防犯を考えていくうえで大切なのです。できなかったことは、また教えればいいのですから、まずはひとりでおつかいに行けたことをほめてあげてください。

子どもの防犯に取り組むうえでは、親が知識を教えるだけでは不十分です。子どもが自ら考え、応用力をつけていくことが肝心なのです。

このような練習を何回もくり返し丁寧に行なうことにより、自らの身を守る力や防犯意識は自然と身についていきます。

「夜の散歩」で安全を確かめる

現代の子どもたちの生活サイクルは、昔とは大分変わってきています。

昔は、日が暮れたら子どもは家に帰るというのが当たり前でしたが、今の子どもたちは、塾や習い事で夜遅く帰宅することもめずらしくありません。

現代においては、子どもの生活スタイルも多様化している傾向にあるため仕方のないことかもしれませんが、夜のひとり歩きが危険であることは今も変わりありません。

そこで、週末の夜などに、お子さんを連れて夜の散歩に出てみてください。

できれば、子どもが夜、歩かなければならない同じ時刻に、同じ道を通って親子で散歩するのがよい訓練になります。

まずチェックしたいのは、人通りが少なく、暗い道を通っていないかということです。

もしそのような道を通っている場合には、「ここは人通りが少なくて危険だから、別の安全な道を一緒に探そうか」と言って、親子で夜の探検気分で明るい道を探してください。

次に確認したいのは、交番や子ども110番の家、コンビニなどの明るいお店といった、いざというときに駆け込むことのできる場所です。

交番は時間によって無人になっていることもあるので、もしいなかった場合にはどうするかということも親子でよく話し合っておきましょう。

そしてそういった場所では、「何曜日の何時ごろ、うちの娘が通りますのでよろしくお願いします」などと、ひと声あいさつをしておきましょう。そうすることで、地域の人はそれとなく子どもを見守ってくれるようになります。

この散歩で新たに発見した、夜に気をつけなければいけない場所などを安全マップに書き加えておくと、マップがより効果的なものになるでしょう。

夜の散歩は子どもにとってわくわくするものです。

堂々と夜に街中を不安なく歩けるチャンスは、子どもにとって貴重な経験です。子どもと、いつもと違った会話ができるかもしれません。

ときどき時間を作って、親子で夜の散歩を楽しんでみてください。

第 4 章

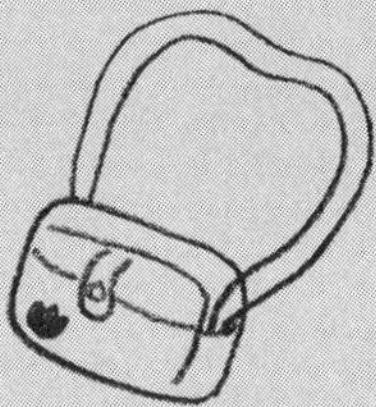

今後、
子どもの社会は
どう変わっていくのか

子どもがネットを使うことが当たり前の時代

第2章でお伝えしたように、子どもの社会におけるネット環境の浸透速度は目覚ましく、今や小学生でも3人にひとり以上が、携帯電話やスマートフォンを所有しているという時代です。

携帯型ゲーム機なども含めると、実に半数以上の小学生がインターネットへアクセスできる環境を持っているという状況です。

この傾向は今後も急激に加速していくことが予想されており、すでに小さいうちからネット環境なしでは生きてはいけないという社会になりつつあります。

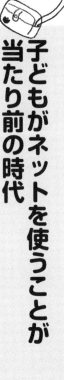

実際、パソコンを使って学校の宿題をこなしている子も多くいます。

たとえば、何かテーマを与えられ、それについて調べて新聞を作るという課題が出されたとします。以前は図書館に行ったり、大人に話を聞いたりして、それをまとめて課題制作をしていたのですが、現代の子どもたちは、さっとパソコンを立ち上げ、テーマに関連するウェブサイトにある文章をコピー・アンド・ペーストし、画像をプリンターで印刷して作り上げていきます。

子ども自身がすべてやる場合もあれば、親がプリントの設定やサイズ調整をするなどして協力している光景も見られます。

さらに子どもがネットを使える範囲が拡大すると、深刻な問題もたくさん現れてきます。

ネットを通したいじめというものです。

グループのＳＮＳで仲間外れにされたり、本人が出してほしくない写真や、そのほかの個人情報などが勝手に公開されたりします。

ネットでのいじめは従来のいじめよりも表に出にくく、水面下で進行するため、より陰湿になっていき、被害を受けた子どもたちも親や先生に相談することもできずに深刻な事態に陥ってしまいます。

まずは手はじめに子どもがやっているネットやSNSに関心を持ち、子どもと話題にできるようにしておきましょう。

小さいうちからネットの危険性を教える

これまでは、何かを人に伝えるためには、その人と直接会って話をすることが必要でした。ですから子どもの世界というものは、基本的にごく身近な仲間や家族のなかで閉じていました。

しかし、今は手元に何でも書き込める便利な機械、パソコンやスマートフォンがあります。

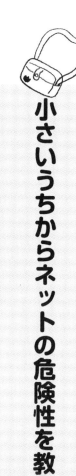

しかもその機械は、世界中とつながっている。たくさんの人が見てくれる。ネットの向こう側の人は、こちらが子どもかどうかなんて気にしていない。

それがかえって子どもの自己承認欲を刺激し、書き込みはどんどんエスカレートしていきます。そして、ちょっとしたおふざけのつもりで書き込んだことも、その影響範囲が大きく拡大しているのです。

未成年者が事件を起こした場合、少年法や報道協定の制約により、マスメディアでは実名や写真が報道されることはありません。

しかし、インターネット上ではすぐに専用の掲示板が立ち上げられ、たくさんの情報が集積されてあっという間に犯人が特定され、またその情報が拡散されていきます。確たる証拠がない場合でも、「どうやらこいつらしい」というだけで犯人とされ、さらに実際にはない尾ひれがついて拡散されることもあります。

名前や顔写真はもちろん、住所や通っている学校、交友関係、生い立ちから家庭環境に至るまで、あらゆる個人情報が調べつくされ、勝手に公開されていくのです。これはもちろんプライバシーの侵害に当たり、名誉棄損の対象になります。ＳＮＳでは最初の発信者を特定することはむずかしいのですが、その情報を拡散しただけでも賠償請求の対象となる可能性もあります。

加害者だけではなく、被害者の情報についても同様です。

関係者と称する人のインタビューや、有識者と呼ばれる人のコメントなどがテレビで放映されると、興味をあおることができそうな特定の部分が切りだされ、誇張された形でネット上に写真や動画として次々と公開されます。

そして、被害者の家族や友人たちのプライバシーも丸裸にされて被害が増殖するという事態も起きています。このように現代のネット社会においてはプライバシーの保護ということは大変むずかしくなっています。

また、電子マネーやＩＣを使ったポイントカードの普及により、街中で何か行動するたびにその履歴が記録されるようになりました。

一説には、特に名前などの記入をしていなくても、買い物を4回するとその嗜好や行動エリア、ルートなどから個人が特定できてしまうとも言われています。

さらに街中に大量に設置された防犯カメラで、行動は常に記録されています。顔認証技術も急速に進化し、またＮＦＣ（近距離無線通信）やブルートゥース、Ｗｉ‐Ｆｉなどの技術を用いた非接触での通信も普及してきました。

近い将来、街を歩いているだけでその行動がすべて記録されるとともに、その人の嗜好や生活様式に合わせて選別された広告やおすすめ情報などがプッシュ型の情報として飛び込んでくるようになります（すでに一部は実動しています）。

さらに公衆無線ＬＡＮを悪用した情報搾取事件なども発生しています。駅やお店などでも、無料の公衆無線ＬＡＮが使える場所が急速に増えてきました。

お店の提供している無線ＬＡＮだと思って安心して使っていたら、客のひとりが自分の機械を使って無線ＬＡＮの基地局として勝手に電波を出しており、店内でそのＬＡＮにアクセスしていた人の情報を盗み見ていたという事件も発生しています。

このようなＩＴ技術の進歩の影響は、大人の社会に限らず、子どもたちの世界でも同様です。ＳＮＳなどに発した情報から個人が特定され、その情報を悪用する大人のターゲットとして利用されてしまいます。

ですから、今後ますます進行するネット社会に対応するために、ネット環境の正しい使い方、安全な使い方を、子どもに小さいうちからしっかりと学ばせ、身につけさせていく「ネットリテラシー教育」の重要性はますます高まっています。

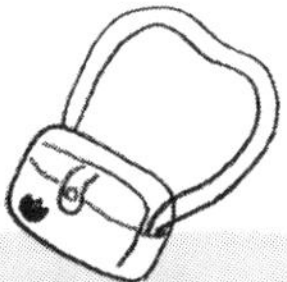

子どもの見ているコンテンツに注意しよう

子どもの連れ去りや、性的な犯罪を行なった人物について、ゲームやアニメが好きだったということが強調され、ゲームやアニメがいかにも犯罪を誘発したかのような報道をされることがあります。

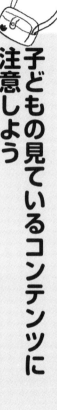

もちろんゲームやアニメがすべて悪いわけではありません。子どもにとっては心を癒す楽しみであったり、努力や友情の大切さを学ぶことができたりする有意義なコンテンツなので、すべて取り上げることが決していいとは思いません。

実際、無理やりこじつけているような情報も見られますので、それに惑わされないように気をつけたいものです。

しかし残念ながら、ゲームやアニメに限らず、現実的に小児性愛嗜好や暴力的快感を刺激するようなコンテンツが市場に流通していることも事実です。

あまり小さなうちから、暴力的だったり、性的だったりする表現が多く含まれるコンテンツに頻繁に接し、のめり込んでしまっていると、バーチャル（仮想世界）とリアル（現実世界）の境界があいまいになってしまう可能性もあります。そのうちに「悪意」「憎悪」「暴力」「性」など、子どもにとって悪影響を及ぼす感情や事象に対する感覚がマヒしてしまうという危険性があります。

アニメーションコンテンツについては、映画倫理委員会（映倫）のＰＧ12指定やＲ指定、ゲームコンテンツについては、コンピュータエンターテインメントレーティング機構（ＣＥＲＯ）のレーティングなどさまざまな規制がありますので、親は子どもが見ている、遊んでいるコンテンツの中身にも注意を払うことが必要です。

もしよくわからないというのであれば、一緒に遊んだり一緒に観たりして、内容について話し合う機会を持ってください。

これからも世の中の情報化やＩＴ化はいやおうなく加速していきます。親の世代がこの波について行こうとするのは非常に大変なことですが、子どもたちはこの波に何の抵抗もなく、何事もないかのようにさらっと乗っていくことでしょう。

それでも、ＩＴはわからないからと避けるのではなく、わからないところは素直に子どもたちに教えてもらうという態度を取りながら、社会常識などの根幹の部分について子どもたちが踏み外さないように、しっかりと管理してあげることが親の責任です。

子どもの数が減ってきている

２０１０年の約１億２８００万人をピークに日本の人口は減少を続け、同時に子どもの数も減少を続けています。年少（15歳未満）人口は、１９８０年代はじめの２７００万人規模から、２０１５年には１５００万人台まで減少しました。

出生率の減少と、医学の発達にともなう平均寿命の延びとも相まって、日本は世界にも類を見ない「少子高齢社会」へ突き進んでいます。

子どもの数が少なくなってきたことによるひとつの影響として、学校の規模が小さくなり、クラス数も減少して友だちの数が少なくなったということが挙げられます。

その結果、子ども同士の切磋琢磨《せっさたくま》の機会の減少、いい意味での競争心が希薄になるなどの問題とともに、ある程度の規模の集団を前提とした学校での集団活動（地域の人たちと一緒に行なう大運動会など）が成立しにくくなるということも問題となっています。


また、子どもが被害にあう事件が連日のように報道されているため、「外遊び」自体が危険なものという認識も広がっています。

われわれ親の世代が子どもだったころは、「暗くなるまで外で遊ぶ」というのが当たり前でした。

しかし、今は事件に対する不安から子どもを外に遊びに行かせず、結果として子どもの遊びはテレビゲームなどの室内遊びが中心となってきています。

さらに、塾や習い事、学校の宿題など大量の課題に囲まれて、毎日が忙しく、子ども同士のリアルなコミュニケーションを取る機会や、地域の行事に参加して大人とふれあう機会も減少しています。

兄弟姉妹の人数の減少（ひとりっ子家庭の割合は15・9パーセント／２０１０年調査）による親の子どもに対する過保護、過干渉や、年少者や年長者と遊ぶ機会が減ったこと、また核家族化が進み、おじいちゃん、おばあちゃんとの同居が減ったことにより、子育てについての経験や知恵の伝承と共有が困難になっていることも大きな問題となっています。

これらのさまざまな事情が、子どもの社会性が育まれにくくなる要因となっています。

地域で長く暮らしている人は、その地域ならではの安全、危険に対する知識も豊富です。その地域のいろいろな活動でリーダーとなってくれている人と知り合いになっておくと、子どもが危険に遭遇したときなどのいざというときにも頼りになります。

ですから、地域のコミュニティで行なわれるお祭りや災害訓練などのイベントには、子どもを連れて積極的に参加し、多くの大人や同年代でない子どもたちとのかかわりの機会をたくさん持つことが大切です。

子どもの社会性を育むことが、子どもの防犯に対する危機対応能力を高める大きな一歩となります。

やきそば
りんごあめ
やきそば

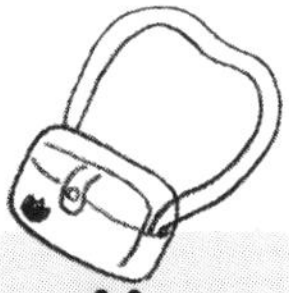

お父さんだからできる防犯のポイント

私が子どものころは、「育児は母親の仕事」という風潮がありました。

私の父もそうでしたが、高度成長期のサラリーマンとして、私が朝起きる前に出かけていき、私が寝てから帰ってくるような毎日でした。ですから平日は父親と一緒に食事をすることもなく、将来の話をじっくりしたような記憶もありません。

当時はどの家庭でも、父親が育児に参加することはほとんどなく、子どもの教育に関しても父親が関与することはあまりなかったのではないでしょうか。

しかし近年は、企業では男性でも育児休暇の取得が推奨されるようになり、また女性も積極的に社会に出て働くことが当たり前の時代になりました。「イクメン」という言葉が流行っているように、父親の積極的な育児や教育への参加が求められています。

特に安全教育に関しては父親の関与が非常に重要です。

パソコンやインターネットなどのＩＴに関しても父親のほうが得意としている家庭は多いでしょう。お父さんが子どもにいいところを見せられるチャンスでもあります。アニメやゲームについても共感できる部分が多いのではないでしょうか。

また、特に男の子については、父親だからこそわかる悩みの相談や、解決法の提案ができる場面もあります。

第3章でお伝えした防犯シミュレーションは、日ごろ子どもとのかかわりが少ないお父さんがぜひ行なってください。不審者役をノリノリでやってみましょう。大人につかまれたら子どもの力では抵抗できないということを理解させせるのにも、お父さんのほうが適任です。

夜の散歩は、子どもとゆっくり歩きながら、自分の子どもが育つ環境を見ていくことも、お父さんにとって子どものことをよく知るいい機会になると思います。

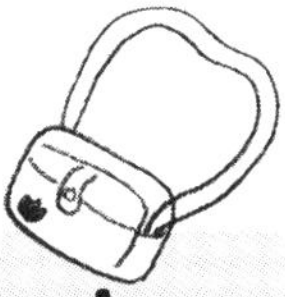

キッズデザインを意識する

子どもが犯罪などの被害にあったとき、「親が目を離したからいけないんだ」「親の教育が悪いんだ」と言われることがあります。しかし24時間３６５日子どもから目を離さないでいることは不可能ですし、子どもをガチガチに縛りつけては、子どもが自ら学ぶ機会を奪ってしまいます。

しかし、犯罪の被害にあうと、たとえ未遂に終わったり、軽度の被害であったりしても子どもの心には大きな傷が残ります。

ですからそのような危険を未然に防ぐために、子どもがかかわる製品やサービス、環境などを「子どもの目線で」デザインしていこうというのが「キッズデザイン」という考え方です。

優れたキッズデザインだと認められた商品やサービスなどには、次ページのキッズデザインマークがついていることがあります。

子どもたちを取りまく環境のなかにあるすべてのものが、子ども目線で考えられて、子ども基準で作られている、そんなキッズデザインに満ちあふれた社会の実現を目指して、産官学民《さんかんがくみん》が集結してキッズデザイン協議会（http://www.kidsdesign.jp/）として活動しています。

いざというときにすぐに駆け込める安全な場所の創設や、連れ去りが多発する夕方の住宅街で人の目がなくならないようにする工夫、カメラの設置など、住民の力で街をデザインしていくことも重要です。

街を歩きながら、また家庭で生活しながら、こんなところにキッズデザインを生かせたら子どもがより安全に暮らせるのになあという目線で考えてみませんか。

子どもが犯罪の被害にあう心配がなく、自由に外で遊べる社会が理想です。そして気になるところがあれば、市町村役場や地域の警察署などに相談してみてください。自分たちで安全で安心な社会を作る、その気持ちが子どもたちを危険から守ってくれるのです。

キッズデザインマーク

KIDS
DESIGN
AWARD

一番大切なのは
家族のコミュニケーション

ＩＴが発達し、さまざまな社会問題が予想されるこれからの時代において、子どもを守っていくために一番大切なのは、第2章でもお話ししましたが、やはり家族のコミュニケーションです。

共働き世帯の増加や、子どもの塾通いの増加などによって、親子でじっくり話し合う時間を作るのがむずかしい時代になってきました。

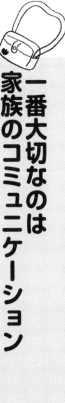

しかし、コミュニケーションで重要なのは時間の長さではありません。短時間でもしっかり意思疎通を図る工夫をすることが大切です。

子どもが悩まずに答えを返せるよう、疑問形で話しかけるのというのがひとつのコツです。

気になった返事には「それから？」「他には？」と重ねると、話が続きやすくなります。

大切なのは、子どもに関心を持って話しかけること。なんとなく声をかけるだけではなく、子どもが何を言いたいのか、何を知りたいかをイメージしておくといいと思います。

会話のきっかけがつかめなければ、思い切って外に出かけてみてはいかがでしょうか。

ドライブなら、車から見える景色が会話のきっかけを与えてくれますし、危険な場所を見つけたり、交通安全について実践的な話もできたりするので、防犯や安全のためのコミュニケーション手段としてもオススメです。

たとえば、「車が左に曲がるときは、後ろからバイクや自転車が来るかもしれないんだよ」とミラーをのぞかせたり、「横断歩道が青でも、車が曲がってきたら危ないときもあるよ」と実際の動きを見せたりすることができます。

運転席に座らせれば、死角になりやすい位置などがわかります。ただし、お子さんを運転席に座らせるときは、きちんと駐車してエンジンを切り、危険がないことをよく確認してからにしてください。

また、車に乗りながら「この道は歩道が狭くて車との距離が近いから危ないね」「このトンネルは車で通るときは便利だけれど、暗くて人通りがないから、歩いて通るのはやめよう」など、お子さんにとって危険な場所もチェックするとよいでしょう。

お子さんがいつも通っている道や遊んでいる場所を、車の視点からチェックして、どうしたらより安全になるかをお子さんと話し合ってみるのもいいと思います。

お子さんが普段、どんな遊びをしているかご存じですか。何をやっているかは知っていたとしても、なぜその遊びに夢中になっているのかまでは、なかなかわからないものです。

それを知るためには、一緒にやってみるのが一番です。

たとえば、子どもがゲームをやっているなら「ちょっとやらせてよ」と言ってみる。

外遊びなら、「入れて」と積極的に参加してみる。ときには子どもと同じ位置まで下りていくことも、コミュニケーションにおいては重要なことです。

「たかが子どもの遊び」と思っていては、子どもの気持ちは理解できません。一緒にやってみれば、その遊びについての話もはずみますし、やってみてはじめてわかることもたくさんあります。

「なるほど、夢中になるのもわかるけど、このゲームはまだ早いな」「この遊び方はちょっと危ないな」など、遊びの裏にある危険に気づくこともあるかもしれません。

そんなときにも、子どもの気持ちをわかったうえでコミュニケーションを取れば、子どもも反発せずに受け入れやすくなるのです。

メディアからの情報を鵜呑みにして、ただ「あれが流行っているらしい」とか「これが危ないらしい」と知識として知っているだけでは、子どもとの間にどうしても温度差ができてしまいます。

わからないことがあるなら、「わからないから、教えて」とお子さんに直接聞いてみるといいと思います。それもコミュニケーションのひとつです。同じ体験をして、同じものを見て、率直に話し合う。こうすることでより子どもへの理解が深まり、もっと親子のコミュニケーションがスムーズになるのではないでしょうか。

Column

子どもの未来を考えるときに参考になる施設・サイト

親が子どもの世界を学んだり、子どもと一緒にイベントに参加したりすることで、親子の対応能力を高める上で参考になる施設やサイト、研究機関などをご紹介します。

子どもの安全ブログ

http://www.secom.co.jp/kodomo/

“安全のプロ”であるセコムが、ご家庭で役立つさまざまな情報をお届けするブログです。防犯だけでなく、防災や熱中症・インフルエンザの予防、水難事故、交通事故、家庭の事故防止など、子どもの「安全・安心」に関する情報を幅広く掲載しています。

親子で一緒に考える子ども安全ホームページ

http://kodomo-anzen.info/

未来を担う大切な子どもたちを守るために、子どもの未来見守り隊やお役立ちのツール、ヒヤリハット体験事例等、親子で一緒に考える「子どもの安全プロジェクト」のさまざまな活動の情報等をホームページ上に展開し、共有しています。

子どもの危険回避研究所

http://www.kiken-kaihi.org/

病気や事故、犯罪、いじめや虐待、災害、環境問題など、子どもを取り巻くさまざまな危険について研究し、危険回避方法などを提案すること、また、危険にあったときの被害を最低限に抑えるための想像力、判断力、体力などの総合力や知恵を子どもに身につけさせるため、親、地域、専門家、研究者等と協力して社会に寄与することを目的としています。

おわりに

この本を通して、子どもたちを取り巻くさまざまな危険とその対策について考えてきました。

ここで取り上げた方法は、子どもを守り、健やかに安全・安心に過ごしていくためのほんのごく一部です。

具体的な対策はいろいろありますが、何より一番大切なことは、親子がお互いをいつも気にかけているということです。そのために家族のコミュニケーションを活発にし、子どものわずかな変化に気づいてあげることです。

子どもの社会を知らないこと、そして子どもの変化に気づかないことが、事件の引き金になりうるのです。

子どもをよく見てあげてください。

子どもの話をいっぱい聞いてあげてください。

子どもといっぱい遊んでください。

子どもの気持ちに寄り添ってください。

本当に子どもを守ることができるのはあなたです。

子どもたちが夢と希望を持って、安全・安心に生きていける社会を作っていきましょう。

この本が子どもたちの明るい未来の一助になれば幸いです。

セコム株式会社　舟生岳夫

平成27年4月吉日

舟《ふ》生《にゆう》岳《たけ》夫《お》

セコム株式会社 IS 研究所 リスクマネジメントグループ主務研究員
キッズデザイン協議会理事／防犯設備士

子どもを狙う犯罪が多発する社会状況の中で、自らも２児の父として、子どもを守るための調査・研究に日々取り組んでいる。

各種防犯セミナーの講師をはじめ、学校や施設のセキュリティポリシー策定コンサルティングなどを実施。

書籍の監修や各種媒体での情報発信を積極的に行うとともに、「子どもの安全ブログ」のモデレーターとしても子どもたちが安心して、健やかに育っていくための情報を発信し続けている。

＊セコム株式会社
http://www.secom.co.jp/

＊子どもの安全ブログ
http://www.secom.co.jp/kodomo/

大切な子どもの守り方

2015 年 5 月 3 日　初版発行

著者　舟生 岳夫

発行者　野村 直克
発行所　総合法令出版株式会社
〒103-0001
東京都中央区日本橋小伝馬町15-18
常和小伝馬町ビル９階
電話03-5623-5121
印刷・製本　中央精版印刷株式会社

 ISBN978-4-86280-448-8
落丁・乱丁本はお取替えいたします。
総合法令出版ホームページ http://www.horei.com/

高濱正伸の10歳からの子育て

高濱正伸［著］　定価（1300円＋税）

教育界のカリスマ高濱正伸氏が書く
初の「思春期の子育て」本

「今までと同じ接し方では、子どもが言うことを聞かなくなった」「最近、子どもが、考えていることや本音を話さなくなった」といった、7～18 歳くらいの思春期の子どもを持つ親が抱く悩みについて、いかに解決すべきかを、事例を挙げながらわかりやすく解説しています。

子どものための『ケータイ』ルールブック

目代純平［著］　定価（1300円＋税）

**「持たせない」だけが
トラブルから守る方法ではない！**

ケータイは、一見、楽しく便利なツールですが、そこにはネットいじめ、高額請求などの危険も潜んでいます。本書ではそれらケータイの世界に潜む危険をわかりやすく解説し、その対処法や危険から子どもたちを守る方法を紹介しています。